27.8.05

edition anderswo 9001

Das Buch:
Eine kleine Stadt mit einem großen Erzähler: dem »Ich«. »Ich« hat einen sagenhaften Roman veröffentlicht (»Ein Leben auf dem Dottermond«) und führt nun ein mondänes Leben. Neben seinen merkwürdigen Freunden wirbeln auch diverse unangenehme Gestalten, wie sie nun einmal zum Inventar einer Kleinstadt gehören, durch seine luxushafte Existenz. Darunter sind: ein Amazonaskrokodil mit Vorliebe für Erdbeermilchshakes, der Erzengel Gabriel, der avantgardistische Pianist Ricardo Pi und natürlich der ewige Konkurrent, der schäbige Literat L. Wenn das mal nicht zum Nachdenken anregt!

Der Autor:
Andreas Daams, geb. 1971. Studierte Komposition in Düsseldorf und München. Mehrere Opernprojekte, v.a. mit dem »MusikTheaterKöln«. Verschiedene Literatur- und Kompositionspreise, darunter eine unverdiente Auszeichnung beim Wettbewerb »Musik in Europäischen Gärten« für das Machwerk »Trommelfeuer«. Diverse Veröffentlichungen, u.a.: »Soapie« in »Gemischte Klasse«, herausgegeben von Günter Grass, Künzelsau 2000.

Andreas Daams
Gebäck zum Ich
Geschichten

edition anderswo

Die Deutsche Bibliothek - CIP-Einheitsaufnahme
Ein Titeldatensatz für diese Publikation ist
bei Der Deutschen Bibliothek erhältlich.

edition anderswo 9001
Erste Auflage 2001
© 2001 by copy-us Verlags GmbH, Kleve
www.edition-anderswo.de
Alle Rechte vorbehalten, insbesondere das des öffentlichen Vortrags,
der Übertragung durch Rundfunk und Fernsehen sowie der
Übersetzung, auch einzelner Teile.
Umschlaggestaltung: Heiner Frost
Druck: B.o.s.s-Druck und Medien GmbH, Kleve
Printed in Germany.
ISBN: 3-935861-00-1

Dämpfe voll Vorsicht,
Dämpf' deiner Worte Hall.

Sophokles, »Philoktetes«

SCHNEE

Ich war zum Dinner ins Kempinski-Hotel eingeladen worden. Es geschah nun, daß ich mich dazu genötigt sah, die Toilette aufzusuchen. Ich entschuldigte mich bei den Gastgebern und betrat den weißgekachelten Pissoir-Salon.

Nachdem ich den Reißverschluß geöffnet hatte – ich übergehe hier die weiteren Details, denn wie man das Urinieren vorbereitet, dürfte wohl allgemein bekannt sein – und aufmerksam des heißen Strahles harrte, fielen zu meinem größten Erstaunen Schneeflocken aus meinem Harnröhrenausgang. Schleunigst eilte ich in den Speisesaal zurück, und meine Gastgeber, das Personal sowie andere Dinierende zeigten sich nicht minder erstaunt über meinen Schneeflockenausfall. Ein Gast äußerte die Vermutung, man habe den Wein gepanscht, was offenbar den Urin gefrieren ließe – ein Vorwurf, den der Oberkellner energisch zurückwies –, und beschloß, ebenfalls zu urinieren, um seine These zu beweisen. Zu seinem Ärger und zu dem der Zuschauer, die ihm zu nahe standen, erwies sich mein Schneeflocken-Urinieren jedoch als singuläre Erscheinung.

Sehr sonderbar war allerdings, daß der Flockenfall trotz fortgeschrittener Zeit unvermindert anhielt. Ein junger Herr mit lederbesohlten Schuhen rutschte gar im Schneematsch aus und verstauchte sich sein Gesäß. Glücklicherweise weilte eine Ärztin unter den Gästen, die sich schließlich meines Lingams annahm.

»Dies ist in der Tat ein merkwürdiges Symptom«, erklärte sie, während sie sich einigen Schnee an ihrem blaukarierten Hosenrock abwischte. Meine Gastgeber und ich stimmten ihr zu.

Und so wies sie mich ins St. Johannes-Hospital ein. Oft besuche ich die Kinderstation. Dort lasse ich es dann ein wenig schneien, damit die kranken Kinder Schneemänner bauen können. Nur die Oberschwester ärgert sich immer über die Wasserpfützen, die nach einiger Zeit auf dem Fußboden stehen.

Ansonsten fühle ich mich aber sehr wohl. Das Kempinski-Hotel hat mich übrigens mit einem Kasten Glühwein beehrt, denn bald wird es ja Winter.

RODEO

In den USA begegnete ich drei Cowboys. Sie hielten meine Begleiterin, eine dissertierende Soziologin, für eine Kuh und spielten Rodeo mit ihr.

Ich versuchte, von ihr zu retten, was zu retten war, sammelte ihre Kleidungsstücke ein, die sie mit der Zeit verlor, rannte hinter den Pferden her, die sie quer durch die Steppe schleiften, und noch ehe sie verschied, erwirkte ich von den Cowboys die Erlaubnis, einige Worte mit ihr zu wechseln, wenngleich die drei sowohl vor als auch nach diesem kurzen Plausch die Fähigkeit der Kühe zu sprechen in Abrede stellten.

»Wie geht's?« wollte ich wissen.

»Schlecht«, preßte sie hervor.

»Möchtest du noch etwas sagen? Etwas Wichtiges?«

Sie schwieg lange. Schon wollte ich aufbrechen und die Cowboys nach dem nächstgelegenen Totengräber befragen, da rief mich ihre Stimme zurück.

»Verbrenne mein Lebenswerk!«

Ich legte meine schockierteste Grimasse an.

»Wo denkst du hin?«

»Bitte!« hauchte sie. Dann neigte sie ihr Haupt zur Seite, und mitsamt ihrem Körper erstarb auch ihre Stimme.

Lange Zeit suchte ich nach ihrem Lebenswerk. Weder fand ich eine Sinfonie noch einen Roman, nicht einmal ein Gedicht, überhaupt außer einer merkwürdigen Analyse über die Brutalität und Borniertheit des Mannes nichts Geschriebenes.

Also entzündete ich mit den drei Cowboys ein Lagerfeuer, nahm ihre Handtasche und schüttete sie über der Glut aus. Das Parfum stach gen Himmel, und die Lippenstifte machten die Flammen hübsch bunt. Dann sprachen wir über die Zukunft der Viehzucht und tranken Dosenbier.

KÜNSTLERPECH

Der Komponist K. war – wie konnte es auch anders sein – dank seines frivolen Mittelscheitels umschwärmtes Objekt der Weiblichkeit, die sich fast immer durch unwiderlegbares Alter und goldverzierte Extremitäten auszeichnete.

Nun wußte K. im Grunde gar nicht, wie er mit dem Rudel seiner Verehrerinnen umgehen sollte.

»Weise ich sie ab«, klagte er einmal, »hören sie sich meine Klaviersonaten nicht mehr an, erfülle ich hingegen ihre Wünsche, haben sie für meine Musik ebenfalls nichts mehr übrig. Ich kann machen, was ich will, es ist immer falsch.«

»Wie schrecklich!« Ich war ehrlich betroffen von K.s auswegloser Lage. »Und was ist, wenn Sie sich selbst in den Mittelpunkt Ihrer Überlegungen rücken und nicht Ihre Musik?«

Er lächelte.

»Ich bin Musik«, erklärte er dann, »leibgewordene Musik, sehen Sie das denn nicht?«

Ich war ratlos.

Ferdinand stand neben uns und hatte aufmerksam zugehört.

»Sie müssen sich opfern«, riet er. »Schreiben Sie keine Musik mehr, und rühren Sie auch keine Frau mehr an. So helfen Sie sich und der Menschheit gleichermaßen.«

K. war erstaunt, soviel Sachverstand bei Ferdinand zu finden, den er doch bisher für einen Aufschneider und Kleingeist gehalten hatte. Er bedankte sich überschwenglich und verschwand in der Versenkung.

SCHMERZ

Als ich in Amerika war, machte ich unter anderem die Bekanntschaft einiger Indianer. Wir setzten uns in ein Wirtshaus am Wegesrand und tranken Whisky. Die Stunden rannen sehr schnell dahin. Wir unterhielten uns über dieses und jenes, und so kamen wir auch auf ihre Stammesgeschichte zu sprechen. Wehmut ergriff sie, und wir brachen eine neue Flasche Whisky an. Nicht lange, und die gute alte Zeit stand im Raum und winkte mit ihren zerschlissenen Rockzipfeln. Sie war wunderschön, vor allem, wenn sie begann, Charleston zu tanzen.

Die Indianer bestellten noch einige Flaschen Whisky auf meine Rechnung. Zuletzt lagen wir uns alle betrunken in den Armen.

»Mein Bruder«, fragte ich endlich den Indianer, der mir am nächsten saß, »kennt ein Indianer eigentlich Schmerz?«

»Nein«, sagte er stolz und schaute mich mit glasigen Augen an.

Daraufhin entnahm ich meinem Portemonnaie eine lange, spitze Nadel und stach sie ihm in den Arm. Er begann zu schreien, und alles endete in einer großen Keilerei.

CAPRICE

Mein Freund Theodor wohnte, bevor er umzog, im Schloßpfad. Eines Tages bekam ich Lust, ihn dort zu besuchen, und machte mich auf den Weg. Schon als ich vor seiner Tür stand, drangen eigentümliche Laute in meine Gehörgänge.

Zunächst dachte ich, Theodor sei dabei, ein Schwein zu schlachten, aber dann fiel mir ein, daß er ja gar kein Schweinefleisch mochte. Neugierig stieß ich die Haustür auf – sie war stets unverschlossen – und erblickte ihn: er saß auf einem Stuhl, ziemlich genau in der Mitte des Raumes, in dem er wohnte, und blies äußerst heftig in ein weitverzweigtes, dunkles Metallrohr mit allerhand Klappen und Ventilen, das trotz dieser Beschreibung keinerlei Ähnlichkeit mit einer Trompete oder einem Horn hatte.

»Theodor«, rief ich, aber er hörte mich nicht. Seine Backen waren gebläht, seine Halsader sprang beinahe aus der Haut, sein Gesicht war vor Anstrengung ganz rot; Schweißgeruch stieg in meine Nase.

»Theodor«, rief ich, lauter als beim ersten Mal, doch immer noch nicht laut genug. Die Töne, die er seinem unmöglichen Instrument abnötigte, waren durchdringender als zwei Dutzend Schiffssirenen, die außer Kontrolle geraten. Ich war entsetzt.

»Theodor«, schrie ich nun, so laut ich konnte, und erschrocken hielt Theodor inne und schaute mich erstaunt an.

»Du hier?« fragte er, heftig atmend.

»Was ist das für ein schreckliches Ding?« fuhr ich ihn

an, ohne auf seine Erschöpfung Rücksicht zu nehmen.

»Das?« Er zog ein Taschentuch aus der Hosentasche und schneuzte verlegen hinein. Danach steckte er das Taschentuch wieder ein, sah mich erneut an, zuckte ratlos mit den Schultern.

Ich stampfte wütend mit den Füßen auf und durchbohrte ihn mit drohenden Blicken.

»Was ist das?« schrie ich.

»Das ist eine Trübsal«, gab er schließlich kleinlaut zu.

Noch einen Augenblick verweilte ich fassungslos in seinem Zimmer, dann verließ ich es rasch und ließ ihn weiter blasen, während mich die mörderischen Töne noch lange verfolgten.

DER KAUF

Auf einer meiner Weltreisen kam ich auch nach Afrika. Ich durchquerte den Kontinent, schoß Fotos und kaufte Souvenirs. In einem Dorf (kaum Dorf zu nennen; es war eine Ansammlung von Hütten) fiel mir ein zierliches schwarzes Mädchen auf. Es war allerliebst und mochte kaum fünfzehn Lenze zählen. Ich beschloß, es zu kaufen.

Der Vater des Mädchens, mein Verhandlungspartner, zeigte sich entzückt von meiner Idee. Er veranschlagte 300 Dukaten für seine Tochter. Ich bot 100. Wir einigten uns auf 170. Diese Summe war das Mädchen aber auch wirklich wert, und der Vater konnte sich zwei Ochsen dafür kaufen.

Nach Vollzug der Transaktion schlug er mir vor, das Mädchen gut zu kleiden, winzige Unebenheiten der Natur auszugleichen und es mir dann nachzuschicken. Ich begrüßte seine Überlegung, denn mir war die Vorstellung zuwider, das Mädchen schon während meiner Weiterreise ständig bei mir zu haben; es könnte unangenehm transpirieren oder auf der Fahrt verlorengehen; man weiß ja nie.

So verabschiedete ich mich von dem Vater, nickte dem Stamm oder der Dorfbevölkerung (oder um was für Menschen es sich sonst handelte) freundlich zu und gab zuletzt dem Mädchen einen kleinen Kuß auf die Stirne, so daß es wohl errötet wäre, wäre es nicht von Natur aus so schwarz gewesen.

Vier Monate später – ich war längst zurückgekehrt und mit der Niederschrift meines Romans »Ein Leben auf dem Dottermond« beschäftigt – klingelte es an meiner Haustür. Ich öffnete, und eine unsäglich dicke, schwarze Mamsell stand davor, lächelte verlegen, wollte mir die Hand geben. Ich hielt sie für eine Bettlerin oder dergleichen und wies sie ab. Sie klingelte jedoch nochmals, und ich versuchte ihr klarzumachen, daß ich Türgeschäfte ganz und gar nicht schätze. Sie verstand nicht und wiederholte immer nur »Ich-du, ich-du, ich-du«.

Schließlich rief ich nach der Polizei und ließ die Frau ins Gefängnis schaffen.

Einige Wochen nach diesem Ereignis traf ich meinen Freund Willibald, der soeben aus Afrika zurückgekommen war. Er erzählte mir von seinen Erlebnissen, und weil er unter Erlebnissen stets Begegnungen mit Frauen verstand, kamen wir auch auf das Schönheitsideal einiger afrikanischer Völker zu sprechen.

»Sie haben eine Ästhetik wie Rubens«, sagte Willibald. »Die schönsten Frauen sind für sie die fetten.« Er erklärte mir, daß die Mädchen vor ihrer Hochzeit drei Monate lang eingesperrt und gemästet würden, um ihrem Gemahl auf diese Weise die ganze Fülle sinnlicher Genüsse zu ermöglichen.

Mir war sofort klar, daß die kleine, rundliche Schwarze vor meiner Tür das zierliche Mädchen von einst gewesen sein mußte, und daß der Vater mir mit der Fütterung seiner Tochter einen guten Dienst hatte erweisen wollen. Ich erzählte Willibald davon. Er lachte lange.

»Auf diese Weise«, sagte er am Ende, »kann einem die rückständige Ästhetik eines Volkes großartige Wonnestunden verderben. Schade nur um deine 170 Dukaten, aber man verschenkt ja ohnehin sein ganzes Leben.«

SCHWEIZ

Wir flogen über die Schweiz. Ich hatte einen Fensterplatz. Neben mir saß ein Inder. Er lächelte die ganze Zeit solcherart verzückt, als sei er gerade dabei, den Weg ins Nirwana zu finden. Ich wollte ihm dabei helfen und wies ihn auf die Schönheit der Alpen hin, die sich unter uns ausbreiteten wie halbgeschmolzenes Vanille- und Schokoladeneis.

»I don't see«, sagte er.

»But look...« Ich versuchte es erneut. Kein Wölkchen war da, das unsere Aussicht hätte trüben können.

»I don't see«, sagte er.

»Nun schauen Sie doch...« Ich zog ihn näher zum Fenster. Das Flugzeug neigte sich gerade leicht zur Seite und gab so einen wunderbaren Blick frei. »Isn't it wonderful?«

»I don't see«, sagte er.

»Look there!« Ich packte seinen Kopf und drückte sein Gesicht gegen die Scheibe. »Don't you see?«

»I don't see«, sagte er.

Da platzte mir endgültig der Kragen. Ich öffnete den Notausstieg und warf den Inder aus dem Flugzeug. Er überlebte. In der anschließenden Gerichtsverhandlung wurde er zu zwei Jahren Freiheitsstrafe verurteilt, weil er die Schönheit der Schweiz ignoriert hatte; das Urteil wurde allerdings zur Bewährung ausgesetzt, um so die betrübliche Blindheit des Inders zu berücksichtigen, denn in der Schweiz hat's milde Richter.

SONNENSTRAHL

Ein Sonnenstrahl war ins Wasser gefallen. Rasch versammelten sich einige teure Mitbürger, trauerten dem Sonnenstrahl nach und fragten sich, was sie tun sollten. Als ich zu der Menge trat, aufmerksam geworden durch eine wispernde Mädchenklasse des städtischen Lyzeums, die allerhand Genitalzentriertes aus dem Vorfall herauskicherte, war der Politiker P. bereits da und redete auf die Anwesenden ein.

Ein Skandal sei das, wetterte er (er befand sich zu jener Zeit gerade in der Opposition), und nun könne man ja eigenen Auges sehen, wie kopflos die Obrigkeit auf diesen Vorfall reagiere, während er – so man ihn nur mit absoluter Mehrheit gewählt hätte – rasch und ohne viel bürokratischen Federlesens ins Wasser gesprungen wäre und den Sonnenstrahl eigenhändig aus den Fluten gerettet hätte.

Nun bestanden jene Fluten aus nicht mehr als dem städtischen Zierteich, und die Goldfische drehten ob der erstaunlichen Aufmerksamkeit, die sie auf sich gerichtet sahen, äußerst kunstvolle Pirouetten, die man ihresgleichen in der weiten Welt wohl vergeblich ein zweites Mal suchen mag.

Da nun niemand sich bereit fand, für den Sonnenstrahl sein eigenes Leben zu riskieren, ertrank dieser jämmerlich und vor aller Augen. Es blubberte kurz im Teich, dann verfinsterte sich der Himmel, es begann zu donnern, zu blitzen, und schwere Regentropfen prasselten auf die Erde. Die Menge stob voller Furcht auseinander.

Wenige Tage später beschlossen die Stadtväter, ein Solarium einzurichten, um für den nächsten derart verlaufenden Notfall besser gerüstet zu sein. Direkt neben dem Gewässer stellte man eine Sonnenbank auf, um die Sonnenstrahlen zu gemütlichem Verweilen zu animieren.

Eine Zeitlang ging in unserer kleinen Stadt alles wieder seinen gewohnten Gang. Doch dann brannte eines Tages hoch oben die Sonne durch, und niemand wußte, wo man Ersatz beschaffen konnte.

Kälter wurde es, sehr viel kälter.

WAHL

Einige Jahre vor der Veröffentlichung meines Romans »Ein Leben auf dem Dottermond« wurde mir hinterbracht, daß man mich zum Gescheiterten des Jahres gewählt habe. Diese Wahl überraschte mich sehr. Gewiß, es gab wohl viele überzeugende Gründe für die Entscheidung (auch hatte man mich in den Jahren zuvor regelmäßig übergangen), so daß die Wahl zum damaligen Zeitpunkt mehr als angebracht erschien; doch daß in der Begründung des Komitees mit keinem Wort von meinen emotionalen Mißerfolgen die Rede war, sondern nur von beruflichen, moralischen und alltäglichen, kam mir gleich verdächtig vor.

Mein Freund Ferdinand, der die Nachricht zufällig im Radio gehört hatte, war übrigens der gleichen Meinung.

»Und dafür hast du so sehr gelitten?« fragte er mich, und ich mußte zerknirscht zugeben, daß offenkundig die sichtbaren Pleiten meines Daseins voll und ganz genügt hätten, um den Preis zu erhalten.

Aus heutiger Sicht ist es nur gut, daß letztlich doch alles anders kam. Statt meiner Person wurde nämlich der Literat L. mit dem Preis ausgezeichnet, und noch heute gratuliere ich ihm stets aufs neue zu dieser Auszeichnung, wenn ich ihm zufällig auf der Straße begegne.

Er wird dann immer sehr rot im Gesicht.

VISIONEN

Eines Nachts stand Theodor vor meiner Tür. Das Wetter hatte die schwersten Geschütze aufgefahren, um ihn davon abzuhalten, mich aus dem Schlaf zu reißen; alles vergebens.

Er war patschnaß und zitterte am ganzen Körper.

»Was ist denn nur los mit dir?« fragte ich ihn.

»Laß mich rein«, röchelte er. »Ich erfriere!«

Ich bot ihm einen Platz auf meiner Ledergarnitur an, die übrigens noch heute Spuren von Theodors rosagrünem Schlafanzug aufweist.

»Also, sprich dich aus!«

Es brauchte einige Zeit, bis er die Kraft gefunden hatte, seine normalen menschlichen Artikulationsmöglichkeiten wieder zu nutzen. Er stotterte herum, und ich entnahm seinen lose dahingeworfenen Worten ungefähr folgendes: »Ich wachte auf – mir erschien ein Gespenst in der Gestalt meines Onkels – es sagte, du seist in Gefahr – ich eilte hierher – jetzt möchte ich dich retten.«

Ich kratzte mich am Kopf. »Hast du schon einen Cognac getrunken?«

Er schüttelte seinen Kopf. Regengischt besprühte meinen blitzblanken, gläsernen Wohnzimmertisch. Ich kümmerte mich nicht weiter darum, sondern ging zum Spirituosenschrank und schenkte Theodor ein großes Glas Cognac ein.

Seine Augen glitzerten erwartungsvoll.

»Du weißt, auf wen du dich verlassen kannst«, sagte er und riß mir das Glas aus der Hand. Er spülte es in einem Zug herunter.

»Mehr«, sagte er, und als er die halbe Flasche geleert hatte, machte er es sich auf meiner Couch bequem und schlief ein.

Am nächsten Morgen weckte ich ihn.

»Das war eine tolle Nacht«, sagte er, »stell dir vor, *du* hättest den ganzen Cognac getrunken, den ich...«

»Schon gut«, wehrte ich ab, »ich bin dir ja sehr dankbar.«

So waren wir beide glücklich und trennten uns in tiefer, tiefer Freundschaft.

DAS HAAR

Weil mich eine Wimper über dem rechten Auge bereits den ganzen Tag über in übelster Weise gestört hatte – sie zog sich wie eine Messerklinge quer durch mein Gesichtsfeld –, beschloß ich, Rache an ihr zu üben und sie schlichtweg auszurupfen.

Ich stellte mich also vor den Badezimmerspiegel und musterte sie aufmerksam; tatsächlich, sie war länger als die anderen und hing infolge der Schwerkraft schlaff herunter.

Ich nahm meine Pinzette zur Hand. Zunächst war es gar nicht so leicht, das mit einem Mal so monströse Metallgerät dem Auge zu nähern, ohne daß dieses sich furchtsam hinter dem Augenlid versteckte; aber nach einigen Überraschungsangriffen (und Rückzügen) hatte es sich an das spitze Werkzeug gewöhnt.

So legte ich die Klauen der Pinzette an den Ansatz der Wimper und zog das Instrument ruckartig vom Körper weg; ich spürte keinerlei Schmerz dabei. Zunächst schaute ich auf die Pinzette; immer noch hielt sie die Wimper umfangen, gut so; aber ich erschrak, als ich meinen Blick auf den Spiegel richtete: die lästige Wimper war nicht etwa ausgerupft, nein, sie war jetzt einen halben Meter lang und reichte vom Augenlid bis zur Pinzette, die sich in meiner Hand befand.

»Was ist denn das?« fragte ich mein Spiegelbild, doch das war stumm zur Welt gekommen und gab infolgedessen keine Antwort.

Ich legte die Pinzette beiseite und zog vorsichtig mit beiden Händen an der ungewöhnlichen Wimper. Dabei erforschte ich ihr Verhalten. Ich kam zu dem Schluß, daß ich ziehen konnte, soviel ich wollte, irgendwo in meinem Körper mußte es ein unerschöpfliches Haar-Reservoir geben. Schon wollte ich die Wimper mit einer Schere einfach abschneiden – ich zog nur noch aus Freude weiter –, als der kleinen Hautöffnung, in der einst die Wimper festgemacht war, ein regelrechtes Haarbüschel entsprang. Sogleich zerrte ich heftiger, und das Haarbüschel ähnelte bald einer feinfaserigen Bürste, denn von der Wimper, an der ich zog, gingen allerlei Verästelungen aus.

Ich stutzte und führte für einen Augenblick meine beiden Hände zum Auge, um die örtlichen Gegebenheiten zu ertasten, bestand doch die Möglichkeit, daß ich Dinge sah, die es gar nicht gab. Aber meine Tastsinne belehrten mich eines Besseren. Die Augen hatten also recht: die Wimper zog einen Wald von Haaren nach sich.

Ich überlegte, was zu tun sei, und weil mir nichts anderes einfiel, zog ich weiter an der Wimper. Und dann stellte ich unvermittelt fest, daß mein Kopfhaar sich zusehends lichtete. Ich atmete auf. Kein Zweifel, ich besaß kein Herz aus Haar, wie ich eine Zeitlang befürchtet hatte, es war im Gegenteil alles völlig normal, die Wimper war mit anderen Haaren verbunden, und weil ich nun an ihr zog, zog ich auch die anderen Haare durch die Wimpernpore heraus; ein Irrtum, es gäbe mehrere Haare. Es gab nur eines, und das war weitverzweigt. Beruhigt ließ ich den Haarwald zu Boden gleiten.

Schnell war auf diese Weise mein Kopf vom Haar befreit. Ich glaubte an ein baldiges Ende des Haarziehens und machte deshalb weiter, obwohl sich wegen der ungewohnten Bewegungen bereits schlimmer Muskelkater in meinen Armen eingestellt hatte.

Aber es war noch nicht soweit. Denn wie ich dank eines Seitenblickes auf meine Hand feststellte, verschwand nun sogar die ohnehin nur spärlich gesäte Handbehaarung und kam Sekunden später am Auge wieder heraus.

Ich ahnte, daß es kein Ende des Haares geben würde, bis ich nicht das letzte allerfeinste Härchen an meiner Wunderwimper herausgezogen hatte. Und weil ich diese Prozedur genießen wollte, entledigte ich mich meiner Kleidung, zog langsamer an der Wimper, und schaute zu, wie meine Brust-, Achsel-, Bein- und Schamhaare eines nach dem anderen, wie von unsichtbaren Kräften getrieben, in die Haut entwich. Besonders lustig war es, schnelles und langsames Ziehen an der Wimper miteinander abzuwechseln. Denn zog ich langsam, sah ich, wie sich das betreffende Haar zunächst aufbäumte und wie es dann immer kleiner, immer unwichtiger wurde, wie es von der Haut gleichsam aufgesaugt wurde, bis es schließlich überhaupt nicht mehr zu sehen war, egal, wie sehr ich meine Augen dem Hautlöchlein näherte. Zog ich dagegen rascher, gingen die Haare schneller verlustig als ich sehen konnte, und ganze Körperflächen waren mit einem Ruck haarlos.

Zuletzt flutschten die Barthaare unter die Haut und kamen nach einiger Zeit als Gabelungen der seltsamen Wimper wieder zum Vorschein. Doch zuletzt hatte alles ein Ende, auch der Haarstrang, und so war ich vollständig enthaart und erschöpft. Der Haarberg auf dem

Boden reichte mir bis zu den Knien. Ich griff hinein. Er fühlte sich sehr flauschig und heimelig an. Ich grübelte. Dann trug ich das Haar ins Nebenzimmer, formte es zu einer Unterlage und legte mich darauf nieder. Es war ungeheuer bequem, und nie wieder habe ich so entspannt geschlafen wie in jener Nacht.

ANEKDOTENDISCO

Ich verirrte mich mit Theodor und Ferdinand in einen Tanzpalast am Rande der Stadt. Wir waren unbeschreiblich müde, aber wir hatten uns vorgenommen, die Nacht durchzuzechen, um in unserem weiteren Leben eine Anekdote mehr zur Verfügung zu haben, mit der man potentiellen Gefährtinnen imponieren konnte.

Nun gab es im Tanzpalast eine ganze Menge attraktiver weiblicher Geschöpfe, und ich fragte mich insgeheim, ob man denn unbedingt darauf warten müsse, bis unsere Zechnacht in eine Anekdote übergegangen sei, um sie nutzbringend auszuschöpfen.

Ferdinand stellte sich wohl die gleiche Frage, denn ich sah, wie seine Augäpfel reihum die wippenden Brüste der herumhüpfenden Damenwelt anfielen. Allein Theodor stand mißmutig daneben.

»Wo ist denn hier die Toilette?« fragte er.

Als endlich ein aufgeblasenes Püppchen des Weges kam, klaubte Ferdinand seine Augäpfel aus ihrem Dekolleté und nahm das Mädchen mit seinem bestrickenden Geiste gefangen. Ich sah ihn erst am nächsten Tag in der Polizeistation wieder, denn Theodor nutzte die Gelegenheit, die heranwachsende Anekdote auszuschmükken, und warf heiße Sodaflaschen aufs Parkett.

Ich mußte ihn vor dem Barkeeper verteidigen, und so begann eine wilde Saalschlacht. Erst einer Sondertruppe der Polizei ergaben wir uns.

Solch ein martialisches Abenteuer hat keiner von uns je wieder erlebt. Ich kann aber nicht behaupten, daß mir diese Anekdote je von großem Nutzen gewesen wäre.

DAS KROKODIL

Als ich den Amazonas hinabfuhr, gesellte sich ein Krokodil zu mir ins Ruderboot und erbot sich, an Hundes Statt mit mir zu kommen. Obwohl es schauerlich grün war und schlechte Zähne hatte, die zu einem penetranten Mundgeruch führten, ging ich auf seinen Wunsch ein und nahm es mit in meine Heimat.

Es zeigte sich zwar schon nach kurzer Zeit, daß ich allgemein beneidet wurde – denn wer geht schon zwei- bis dreimal täglich mit einem Krokodil Gassi –, daß aber die Unterhaltskosten für das Krokodil beträchtlich über denen eines Hundes oder gar einer Frau lagen. Schuld daran war nicht so sehr der unmäßige Verzehr von Hornochsen, wie sie zuhauf auf unseren Straßen verkehren, als vielmehr die Neigung des Krokodils zu Plauderstündchen im Marktcafé, wo es literweise Erdbeermilchshakes aussaugte und Apfelpfannkuchen vertilgte und überdies in wohlgesetzten Worten über stadtbekannte Personen wie den Kritiker I. oder den Politiker P. herzog, was jene unverzeihlich fanden, weshalb ihnen mein Krokodil schon bald einem roten Tuch glich, gegen das sie heftig anschnaubten.

Ich tat alles, um den lieben Frieden zu wahren oder wenigstens wiederherzustellen, gab das Krokodil gar einem rüstigen Schuhplattler in die Lehre, der sich allerdings bereits nach wenigen Tagen über die Unlust des Krokodils auf fachmännisches Platteln mokierte und es nicht mehr sehen wollte, bemühte mich sodann, ihm die englische Literatur des 19. Jahrhunderts schmackhaft zu machen, durch die es sich jedoch nur mühsam und unter großer Selbstaufopferung hindurchkaute; als dann auch noch ruchbar wurde, daß die Schneiderin S., ein hübsches, aber unerfahrenes Ding, Grünlinge zur Welt gebracht hatte, halfen weder mein Ansehen noch meine Petitionen an den Stadtrat weiter: das Krokodil mußte weg.

So verkaufte ich es denn zu einem guten Preis an den Bauunternehmer B., welcher aus dem Krokodil eine Handtasche für seine Frau anfertigen ließ, die ihr nicht einmal schlecht steht.

WELTUNTERGANG

Ich traf Theodor in meinem Lieblingscafé. Er saß in einer Ecke und starrte ein Stück Pflaumenkuchen an, das vor ihm auf einem Teller lag.

»Nun iß schon«, ermunterte ich ihn.

»Da bist du ja!« Er versuchte zu lächeln.

»Was gibt's?« Ich nahm ihm gegenüber Platz und bestellte eine Tasse heiße Schokolade, die mir die hübsche Wirtin umgehend brachte.

»Es geht um den Weltuntergang«, raunte Theodor.

»Ach?« fragte ich, während ich mich an seinem Pflaumenkuchen zu schaffen machte.

»Ja, stell dir nur vor, mir ist ein okkultes Buch von 1623 in die Hände gefallen. Es datiert den Weltuntergang auf den heutigen Tag!«

»Die Welt ist schon oftmals totgesagt worden«, warf ich ein, »aber daran ist sie noch nie zugrunde gegangen. Denke doch nur an Nostradamus, an Hildegard von Bingen und all die anderen vermeintlichen Hellseher!«

»Aber diesmal ist es etwas anderes! Es heißt, wenn zwei reflektierende Geister aufeinandertreffen, zwei Freunde, von denen der eine arm ist wie eine Kirchenmaus, der andere reich wie ein Krösus, wenn sie gemeinsam essen und trinken und von eben jenem Buch sprechen, von dem ich gerade spreche, dann wird die Erde explodieren.«

Ich schwieg.

»Noch etwas«, sagte Theodor. »Ich bin pleite.«

Ich nahm einen großen Schluck Schokolade. »Ich auch«, sagte ich dann, denn meine Schiffsbauaktien hatten in letzter Zeit doch sehr unter der allgemeinen Konjunkturlage gelitten.

Er war erleichtert. »Gott sei Dank«, rief er aus und bestellte noch ein Stück Pflaumenkuchen.

Der Chef des Lokals wollte uns nicht glauben, daß wir kraft unserer Armut die Welt gerettet hatten, und verdonnerte uns zum Zwangsspülen.

TEMPORA UND MORES

Tempora legte ihr Horn an den Mund und blies hinein. Ihre Klagemelodie war weithin hörbar. Mores kam des Weges. Er war taub und sah infolgedessen nur, wie sehr Tempora sich anstrengte, wie ihre Brüste sich hoben und senkten, wie sie litt, gemeinsam mit ihren Elegien.

»Was machst du da?« fragte Mores, und Tempora unterbrach ihr Spiel, um Mores zu antworten.

»Wir stehen mitten im Plural«, sagte sie, »ach, wie sind wir zerrissen! Kaum fühle ich meine Zehen, kaum meine Nase! Nicht weiß ich, wer ich bin! Wie gerne möchte ich eine Einheit sein!«

Mores, taub, nickte wehmütig. »Jaja«, sagte er leise, »nichts ist mehr so wie früher.« Das sagte er immer.

Es regnete Bindfäden. Lange blieben die beiden nicht mehr auf der Straße, sie gingen ins Stadtcafé.

TRAUER UM O.

Es war gewiß eine große Ehre, daß man mich in das Empfangskomitee für die tote Operndiva O. eingegliedert hatte. Denn außer mir standen noch der Komponist K., der Maler M. und der Politiker P. auf der Rollbahn; dort wurde die Asche der Unvergeßlichen erwartet.

P. scherzte mit den Fotografen, K. und M. schwiegen betroffen, ich studierte die Triebwerke. Gerne gebe ich zu, daß ich nervös war. Nicht jeden Tag tritt einem die Urne einer berühmten Frau unter die Augen, nicht jeden Tag hält man ein Tuch mit den Landesfarben in Händen, von M. bemalt, um es mit einem traurigen Aphorismus auf der Zunge P. zu reichen, der es unter dem heiseren Gesang K.s um die Urne schlingt, die er sodann den Fotografen darbietet; anschließend waren wir noch zu einem Kaffee im Flughafenrestaurant eingeladen.

Das Flugzeug aus New York, dem Todesort der Sängerin, hatte Verspätung. Wie ich hörte, hatte es mit der Urne Probleme beim Zoll gegeben; ein Zollhund vermeinte, Opiate geschnüffelt zu haben, und so mußte die Asche erst vom Zolllabor chemisch analysiert werden. Es handelte sich aber tatsächlich um Asche. Der Chemiker war den Tränen nahe, als er erfuhr, wen er da untersucht hatte. Es ist zu befürchten, daß er einige Stäubchen der Diva beiseite geschafft hat.

Als das Flugzeug endlich landete, befiel den Politiker P. tiefe Ernsthaftigkeit. Er hatte eine längere Rede vorbereitet, für die jedoch keine Zeit mehr war, da das Flugzeug neben der Urne hauptsächlich Gummipuppen für ledige Männer geladen hatte, die so schnell wie möglich ausgeliefert werden mußten; so reichte der Flugkapitän mit einem amerikanischen Lächeln im Gesicht die Urne heraus – »Well, here it is«, sagte er – und deutete an, daß wir uns entfernen sollten; es war mir ohnehin schleierhaft, für wen man den roten Teppich ausgelegt hatte.

»So eine Untat!« ereiferte sich P., und M. und K. nickten. Die Fotografen murrten.

Es wurde aber noch schlimmer.

Der Politiker P. hoffte nämlich, daß sich eine nicht zu geringe Portion Sonnenlicht auf dem Urnendeckel spiegeln und ihn selbst engelgleich illuminieren werde, wovon er sich eine glanzvollere Photographie und dadurch ein besseres Wahlergebnis versprach. In seinem Eifer, den besten Eingangswinkel für die Sonnenstrahlen zu finden, ließ er jedoch plötzlich die Urne fallen, die aufsprang und sogleich graue Endzeit verbreitete.

Die Asche bildete kleine Häufchen auf dem roten Teppich.

»Zusammenkehren«, flüsterte mir M. mit hochrotem Kopf zu. »Man muß die Asche zusammenkehren.«

P. hob unterdessen die Urne auf und schaute hinein. »So sieht sie aus, wenn sie leer ist«, gab er den Fotografen zu bedenken. Einige schossen ein paar Fotos.

»Geben Sie bitte die Urne her«, bat M. den Politiker P. »Wir füllen Sie wieder.«

»Schön, sehr schön«, sagte P. und stellte die Urne K. zu Füßen. Ich wollte nicht untätig herumstehen und kniete auf dem roten Teppich nieder, um einzelne, verstreut herumliegende Aschepartikel zu einen Haufen zusammenzupusten.

Endlich hatten wir die Urne wieder gefüllt, so gut es eben ging. Befriedigt nahm P. sie auf.

»So, jetzt ist wieder alles dort, wo es hingehört«, sagte er. Zwar befanden sich noch Ascheteile auf dem roten Teppich, doch die wurden nun von den Gummipuppenwagen in den Ritzen festgedrückt.

»Auf zur Zeremonie«, verkündete K. P. sah ihn entgeistert an.

»Was meinen Sie?«

»Zum Kaffee«, erklärte sich K. Er hatte einen sehr skurrilen Humor.

»O ja.« P.s Gesicht heiterte sich auf. M. leckte sich die Lippen. Auch ich konnte mich eines Lächelns nicht erwehren. Die Fotografen drückten ab.

»Beseelte Mienen«, meldeten tags darauf die großen Zeitungen, und unsere Konterfeis – P.s, K.s, M.s und das meine – wurden gedeutet mit dem Andenken an die große Opernsängerin O., die nun, in einer schmucken Urne befindlich und nach meinem kurzen aphoristischen Intermezzo von P. unter K.s Klängen mit M.s Flaggentuch umhüllt, ihre letzte Ruhestätte gefunden habe.

(Die Gummipuppenreklame fand sich inmitten der »Vermischten Anzeigen.«)

DAS TREIBHAUS

Ferdinand inspizierte ein Treibhaus. Überall wucherten Tomaten, riesige Tomaten, durch die er sich kaum einen Weg bahnen konnte, so groß waren sie, und so dicht lagen sie aneinander.

»Das also ist Ihr Treibhaus?« fragte er den Besitzer, einen kleinen, hageren Mann mit einem buschigen Schnauzbart und bürstenähnlichen Augenbrauen.

»Aber gewiß doch«, antwortete der Mann.

»Und was beabsichtigen Sie mit Ihrem Treibhaus?«

»Tomaten züchten.« Des Mannes Augen leuchteten. »Geld verdienen.«

»Aha.« Ferdinand, von Geburt her anarchistischen Entwürfen nacheifernd, wurde zornig. Sein cholerischer Charakter ließ sein Gesicht rot werden –

– und so besprang ihn der Treibhaus-Besitzer, um ihm den Kopf abzureißen, den er für eine besonders fruchtige Tomate hielt.

Ferdinand, dank seiner kräftigen Statur dem Attentat entkommen, war zum Opfer hochgezüchteter Ideale geworden.

»Du lebst in Parabeln!« warf ich ihm vor.

Er hingegen bezog Stellung und schleuderte dem nächstbesten Politiker am Rednerpult faule Tomaten an den Hirnkasten.

BUCHGLÜCK

Mein Freund Ferdinand war ein begeisterter Amateurdichter, dessen bisheriges Werk leider zu wenig Würdigung in der Weltöffentlichkeit fand, obgleich vielleicht nicht das Werk, aber dafür um so mehr Ferdinand selbst dies verdient hätte; so allerdings, als unverstandenes Genie seine spärlichen Veröffentlichungen durchblätternd, begegnete ich ihm zeitweise recht ungern.

Nun begab es sich vor nicht allzu langer Zeit, daß ich zur Zerstreuung eine Buchhandlung betrat, und auf wen fiel mein erstaunter Blick? – auf Ferdinand; er stand in einer Ecke, wo man einige unverkäufliche Anthologien untergebracht hatte, und war damit beschäftigt, Bücher aufzuschlagen und Eselsohren hineinzuknicken.

»Was machst du da?« fragte ich ihn, nachdem ich nähergerückt war.

Er erschrak und errötete, sah aber wohl ein, daß es keinen Sinn machte, mich zu belügen; also sagte er die Wahrheit.

»Es ist so«, begann er, »in diesen Büchern« – er deutete auf vier oder fünf unscheinbare Bändchen – »befinden sich auch Geschichten von mir. Ich dachte mir nun, wenn jemand eines dieser Bücher aufschlägt, ist es vielleicht besser, er stößt direkt auf meine Geschichte, denn dann wird er das Buch vielleicht kaufen.«

»Aha«, sagte ich. »Gib her.«

Ich schlug das Buch auf und fand mühelos Ferdinands Geschichte. Sie war lang und spröde.

»Und wenn nun dem Leser deine Geschichte gar nicht gefällt?«

»Nicht gefällt?«

»Nun ja, ich meine...«

»Der hat es dann nicht verdient, das Buch überhaupt in Händen zu halten!« schrie er. Die Leute im Buchladen starrten uns an.

So kam ich in den Besitz einer entsetzlichen Anthologie (inklusive Ferdinands Geschichte), die nun auf meinem Nachttisch liegt. Neulich habe ich damit dem Kritiker I. den Kopf gespalten.

TODESSTRAFE

Es geschah nun vor wenigen Jahren in einer Bananenrepublik, in der ich mich zu Forschungszwecken gerade aufhielt, daß ich der Spionage angeklagt und zum Tode verurteilt wurde.

Ich war natürlich gar nicht erfreut über diesen furchtbaren Justizirrtum. Doch mir blieb nichts anderes übrig, als den Weltenlauf hinzunehmen und meinen Schwanengesang vorzubereiten.

Ich bat um Papier und spitze Bleistifte. Man gewährte mir diese Bitte, und so schrieb ich meine »Lamentationen« nieder (S***-Verlag, Band 21**). Der Gefängnisvorsteher, ein integrer Mann, der in seiner Jugend die Schönheit der Sprache lieben gelernt hatte, zeigte sich begeistert von meiner Lyrik. Er fragte mich, wen von allen zeitgenössischen Dichtern ich für den begabtesten hielte. Ich nannte ihm meinen Namen. Er stimmte zu.

So widmete ich ihm die »Lamentationen« (»für Miguel de Sante-Sana«), und er schenkte mir die Freiheit. Ein fairer Handel.

Woran man sehen kann, daß es viele Vorteile hat, ein genialer Dichter zu sein. Fernerhin begreift man anhand dieser kurzen Geschichte, wie unerläßlich es ist, den Gefängnisdirektoren auf der ganzen Welt ein Gefühl für Lyrik zu vermitteln. Und wenn es auf der Erde dann nur noch Dichter und poetisch empfindende Gefängnisdirektoren gibt, dann wird es sich um eine gute Erde handeln, und die Todesstrafe wird hinfällig werden.

Sic erit.

DER ENGEL

Eines Tages stieg der Erzengel Gabriel auf die Erde hinab und landete ausgerechnet in Theodors armseliger Junggesellenwohnung. Theodor bat ihn, erst einmal Platz zu nehmen, und weil er wußte, daß ich bereits einmal Engel gesehen hatte (ich hatte ihm seinerzeit von meinem Besuch im Mädcheninternat meiner kleinen Cousine erzählt), holte er mich rasch, um dem unerwarteten Phänomen nicht alleine ausgesetzt zu sein.

So fand ich mich dann auf Theodors ungemütlicher Schlafcouch wieder. Der Engel hatte sich auf den Kühlschrank gesetzt und baumelte mit seinen weißen Beinen rhythmisch gegen die Kühlschranktür.

»Sie sind also der Erzengel Gabriel«, sagte ich. Er nickte. »Womit können wir Ihnen dienen?«

»Ich erkunde momentan in höherem Auftrag die große Bandbreite menschlicher Sünden«, antwortete der Engel höflich. „Was haben Sie denn so alles zu bieten?"

Theodor bekam einen Heidenschreck.

»Suchen Sie etwa einen Mörder?« fragte er.

»Nein, nein, Mörder sind ja so alltäglich, so gewöhnlich«, sagte er unwirsch, »mir schwebt da etwas Prickelnderes vor.«

»Hm.« Mir wurde etwas mulmig zumute. Ich hüstelte verlegen. »Wir könnten gemeinsam die Paradies-Bar aufsuchen«, schlug ich schließlich leise vor.

»Ach nein«, winkte der Erzengel ab, »dieses Etablissement habe ich mir bereits in der letzten Woche näher angeschaut, und ich muß sagen: es ist wirklich nicht sehr erhebend.«

Ich war ratlos. Meine Phantasie war an ihrem natürlichen Ende angelangt. Doch da meldete sich auf einmal, völlig unerwartet, Theodor zu Wort.

»Weil Sie vorhin mit leuchtenden Augen von Prickelndem sprachen, Herr Engel«, sagte er mit großem Ernst in der Stimme, »da kam mir die Idee, ich hätte vielleicht etwas für Sie«, und er öffnete mit einem einzigen geübten Handgriff seine reichhaltig gefüllte Alkoholschrankwand.

Ein Strahl Leben durchschoß den bleichen Engel.

»Ah!« rief er aus. »Ich wußte doch, daß ich richtig gerochen hatte!«

So sorgfältig und anmutig Theodor für gewöhnlich auch die Flaschenbataillone in seiner Schrankwand anordnete und ausrichtete, so durcheinander war dieses beachtliche Werk bereits, als ich die beiden Trunkenbolde um Mitternacht verließ.

Wie mir Theodor nach einigen Tagen beiläufig erzählte, habe der Erzengel Gabriel während seiner Rückkehr zu Wolke Sieben die wildesten Schlangenlinien geflogen, die man sich nur denken kann. Über die theologischen Fragen, die sich ihm, Theodor, nach diesem Ereignis nun eindringlich stellten, schwieg er jedoch hartnäckig, und es war nichts weiter aus ihm herauszubekommen.

TALKSHOW

Neulich schaltete ich den Fernseher ein. Ich betätigte einige Male die Fernbedienung, bis zuletzt eine Talk-Show über die Mattscheibe flimmerte. Dort war der Schreiber dieser Zeilen zu Gast, und ich war gespannt, welchen Eindruck er auf mich machen würde. Aufmerksam musterte ich den Autor: er war ein ausgesprochen schöner Mensch, ein junger Adonis von ästhetischer Dominanz, wie ich sie nie zuvor erfahren hatte; gut gekleidet, ausgestattet mit einer warmen, melodiösen Stimme und einer ungewohnt natürlichen Gestik; außerordentlich belesen, in allen Fragen versiert, rhetorisch eindeutig allen anderen Gästen überlegen; der Moderator hatte Mühe, Fragen zu stellen, die dem Niveau seiner Antworten auch nur halbwegs gleichkamen.

Einige begehrenswerte Verehrerinnen befanden sich im Publikum, mit hochroten Gesichtern, applaudierten fanatisch, sobald der Autor eine hübsche Pointe treffend plazierte; Millionen Menschen saßen wie ich vor dem Fernseher und bewunderten den Genius im roten Ledersessel; die Ätherwellen übertrugen neben Bild und Ton auch ein wenig von seinem ungeheuren Charisma. Kurzum, ich erlebte eine Sternstunde des Fernsehens.

»Leider müssen wir unsere Sendung nun beenden, die Sendezeit ist schon weit fortgeschritten«, sagte schließlich der Moderator, wobei er sich einige Tränen aus den Augen wischte, die wohl vom Glanz herrührten, der den Autor umgab.

»Aber eine Frage habe ich noch: wie erklären Sie sich Ihren fulminanten Erfolg?«

»Oh, nichts ist leichter«, erwiderte der Verfasser des vorliegenden Manuskripts mit einem gewinnenden Lächeln auf den weichen, roten Lippen, »Erfolg hat man, wenn man ihn haben will.«

Gerührt schaltete ich den Fernseher aus und schlief mit dem Gedanken ein, wie gut es doch sei, daß es einen solchen Menschen auf unserer Welt gebe.

Wenigstens diesen einen.

TIERE, DÜFTE, BRAHMS

Ferdinand war mir gewiß nicht der liebste meiner Freunde, im Gegenteil, in seiner überbordenden Egozentrik und Besitzgier war er mir manchmal sogar zuwider, ich ekelte mich vor seinen Phrasen und fürchtete mich vor seinen Gesten. Schon viele Male hatte sich gezeigt, daß er den Situationen, in die er geriet, nicht im mindesten gewachsen war.

Nun begab es sich jedoch, daß uns eine schöne Dame, eine Pianistin, der eine glänzende Zukunft blühte, denn schon trachtete eine ausreichende Zahl von Intendanten und Mäzenen danach, ihren üppigen musikalischen Mutterboden zu düngen und zu bepflanzen, daß eben diese Dame uns – als ehemalige Studienkollegen – zu einem ihrer zahlreichen Konzerte einlud.

Der Saal war voll, heiß und stickig. Ferdinand schwitzte aus allen verfügbaren Poren, eine arge Zumutung, weshalb ich gerne in die After-Shave-Blase meines anderen Nebenmannes, eines Schönlings, schlüpfte.

Die Pianistin (Adelgunde P.-R., sie hatte mit einundzwanzig Jahren den Konsul R. geheiratet, der erst kürzlich an Senilität verschied) spielte Brahms, und sie intonierte so zauberhaft, daß mich ihr Spiel beinahe von ihrer anmutigen Gestalt abgelenkt hätte.

»Hübsch«, sagte Ferdinand, »sehr hübsch«, als wir ihr nach dem Konzert hinter der Bühne einen Blumenstrauß überreichten.

Der Schönling war auch da.

»Teuerste!« rief er aus, doch als er Ferdinand erblickte, der Fräulein P.-R. soeben zuzwinkerte, was auch mir nicht verborgen blieb, zwinkerte Fräulein P.-R. doch ebenso listig zurück, rümpfte er die Nase, vermutlich sein liebstes Organ, und zog beleidigt von dannen.

Ich hingegen gab noch nicht auf.

»Du warst großartig!« rief ich und schaute feurig wie ein Vampir. Aber im selben Moment fiel mir ein, daß ich besser gesagt hätte: »Du *bist* großartig«; mein Feuer erlosch, ihr Blut gerann.

Ferdinand tätschelte unterdessen Adelgunde P.-R.s Hände. Sie lächelte beglückt. Innerlich verfluchte ich Brahms, aber auch das half nicht. Ferdinand berührte der Pianistin Gesäß, strich um sie herum wie ihr betörender Lavendelduft, leckte seine wulstigen Lippen, hauchte ihren Teint an.

Etwas verloren stand ich in der Gegend.

»Du riechst so männlich«, hörte ich Adelgunde meinem Freund Ferdinand zuflüstern.

Ich räusperte mich. Man überhörte es.

»Und diese aufsteigenden Sekunden beim alten Brahms...«, stöhnte Ferdinand, »das hat mich ganz verrückt gemacht...«

»Wirklich?« Sie ließ Ferdinand ihren heißen Atem zukommen.

»Ich gehe dann jetzt«, sagte ich.

»Dein Spiel ist wie der Geruch streunender Hirsche und Rehe...«, wisperte Ferdinand, während er unserer ehemaligen Studienkollegin ihren Ziegenledermantel um die Schultern legte.

»Oh...« Sie errötete.

Mehr habe ich von diesem Abend nicht mitbekommen, aber ich kann mir denken, wie die Affäre ausging.

Ferdinand verlor übrigens in der Folgezeit nie ein Wort über Adelgunde P.-R., wohl duschte er sich kaum mehr und stank mit der Zeit wie ein großer Kübel voller Hundekadaver. Er war penetrant und degoutant, außerdem summte er mit Vorliebe Brahms.

Und ohne grundlos stänkern zu wollen, Adelgunde P.-R., das laszive Geschöpf, man glaubt es kaum, ist sodomistisch veranlagt und hält sich Iltisse. (Jetzt ist es heraus!) Das erfuhr ich neulich vom Zoodirektor.

»Kein Wunder also, diese ganze Geschichte«, dachte ich, mit mir und der Welt versöhnt, und beschloß, meine monatlichen Zuwendungen an den Tiergarten einzustellen und statt dessen mit Parfumkonzernen zu kollaborieren und obendrein das Radio auszudrehen, wann immer man Brahms sendet.

LIEBE 1

Die Liebe war nicht das, was Ferdinand sich davon versprochen hatte. Dumpfe Gedanken hegend saß er an meinem Steinway-Flügel und starrte auf die Tasten, vor allem auf die schwarzen.

»Was ist denn geschehen?« fragte ich, und: »Ist es wegen deiner neuen Eroberung? Klappt etwas nicht mit dem Geschlechtsverkehr? Riecht sie aus dem Hals? Trägt sie eine Perücke?«

Doch Ferdinand antwortete nicht. Erst nach einigen Stunden blickte er auf. Ich war gerade dabei, die Lichter zu löschen, um ins Bett zu gehen, den Pyjama hatte ich auch schon angezogen.

»Mein Freund«, sagte er, »die Liebe war mir stets heilig und kostbar, kostbarer als der Schatz Sindbads des Seefahrers. Du kennst doch Sindbad?« Mißtrauisch sah er mich an. Rasch bejahte ich.

»Nun«, fuhr er fort, »der Schatz bleibt erhalten, ja, sein Wert steigert sich mit der Zeit sogar, während die Liebe...«

Er brach den Satz ab und überließ dessen Fortsetzung meiner Phantasie.

»Was ist daran so seltsam?« fragte ich ihn. »Schätze wie derjenige Sindbads sind seit Jahrhunderten vergraben, niemand weiß genau, wo, Sagen und Märchen ranken sich um dieses Gold und Silber, aber die Liebe, nun, die Liebe ist zu offensichtlich, man müßte sie gleichfalls verbergen.«

Ich war nämlich müde und wollte Ferdinand loswerden.

Und wahrlich, ich hatte mich nicht geirrt. Er überlegte drei Minuten, dann bat er um eine alte Kaffeedose, tat sein Herz hinein, versiegelte sie mit süßen Worten und vergrub sie in meinem Vorgarten unter einem knorrigen Buchsbaum.

»Ich werde nun eine Schatzkarte entwerfen«, sagte er mir zum Abschied, er war schon wieder etwas aufgeheitert, »und diese meiner Liebsten zusenden.«

Aber Ferdinand konnte nicht zeichnen, und seine Liebste begriff gar nicht, worum es eigentlich ging, und so endete die Geschichte, wie es kommen mußte, nämlich mit endgültiger Trennung und ohne Happy-End.

DIE VERLOBUNG

Mitunter hatte mein Freund Theodor einen rechten Micky-Maus-Charakter. So verlobte er sich im März '79 mit einer stadtbekannten Jungfrau, ging einige Male mit ihr aus, drückte ihr (wenn man einschlägigen Gerüchten glauben darf) wohl auch den einen oder anderen Kuß auf die Wange, worauf rote Herzen über ihren Köpfen zu blinken begannen, aber er konnte sich nicht durchringen, das Mädchen zu heiraten, und so steht es heute noch um die Beiden.

»Warum heiratest du J. denn nicht?« fragte ich ihn eines Tages, als wir gerade eine Bootsfahrt auf dem Fluß unternahmen.

Nachdenklich unterbrach er das Rudern.

»Ich weiß auch nicht«, sagte er, »irgend etwas hält mich davon ab, vielleicht« – er zögerte –, »vielleicht die soziale Komponente.«

»Die was?« erschrak ich.

»Um ehrlich zu sein,« redete er weiter, während uns die Strömung in andere Gewässer trieb, »ich stelle es mir wundervoll vor, wie J. eine alte Jungfrau wird mit rosa Liebesromanen im Kaminzimmer, regelmäßigen Kirchgängen und sorgfältig geflochtenem Grauhaar. Würde ich sie heiraten, hätte sie solch wunderbares Leben erst nach meinem Tod, und sie soll doch schon eher glücklich sein, jetzt.«

Vom nahen Ufer wehte der Duft von blühenden Buschgeranien zu uns herüber, und eine kleine, kecke Drossel bejubelte ihr Dasein in höchsten Tönen.

PARTY

Ich war zu einer Geburtstagsparty eingeladen worden und hatte mich entschieden, die Gastgeberin, eine blasse, ätherisch wirkende Person nicht durch meine Abwesenheit zu enttäuschen.

Kaum angekommen und Geschenk überreicht, traf ich alte Freunde wieder.

»Nun, Theodor«, rief ich aus, »wie geht's?«

Er sah mir tief in die Augen.

»Ach, diese Welt«, seufzte er. Der Smoking war ihm zu eng.

Am Springbrunnen (es war Sommer, man feierte im Garten) stand Ferdinand und disputierte mit einem alten Mann, einem Baron, wie ich nachher erfuhr, über die Zwecklosigkeit des Lebens angesichts des Todes, ein Thema, welches dem Baron offenkundig sehr am Herzen lag.

Ich klopfte Ferdinand auf die Schulter. »Laßt euch nicht stören«, sagte ich, wobei ich dem Baron höflich zunickte. Er nahm mich nicht zur Kenntnis, was ich auf seine schlechten Augen zurückführte.

Willibald, mit der Geburtstagsfrau weitläufig verwandt, betätigte sich als Kellner.

»Möchtest du ein Glas Sekt?« fragte er mich. »Cognac habe ich nämlich keinen.«

»Verschone mich mit deinem Sekt!« Ich zog eine leidgeprüfte Grimasse. »Dann lieber Orangensaft!«

Er händigte mir ein Glas Orangensaft aus, nicht ohne es zur Hälfte auf den Boden zu gießen, und setzte seine Runde fort.

Es waren noch andere Leute da, Menschen, die ich noch nie gesehen hatte oder nur aus dem Fernsehen kannte.

Die höchst mittelmäßige Schauspielerin S. trat an mich heran, um mein letztes Buch zu loben. Ich erklärte ihr, das von ihr erwähnte Buch sei nicht von mir, sondern vom Literaten L., und ob sie nicht »Ein Leben auf dem Dottermond« gelesen habe, dieses sei nämlich mein Werk; aber sie hatte den Titel noch nie gehört und bat mich, es bei Gelegenheit ihrem Koch zu übersenden, einem sehr literarischen Menschen.

Im Gegenzug fragte ich sie, wie denn das Leben vor dreißig Jahren gewesen sei, als sie noch vor der Kamera gestanden habe, und ich beschwor die Herrlichkeit der alten Schwarz-Weiß-Filme, in denen ihre Augen noch so schön geglänzt hatten, sie aber lächelte spitz und bemerkte, dies seien gewiß nicht ihre Augen gewesen, sondern andere, längst verglommene, und was ich von der Geburtstagsfeier im allgemeinen hielte.

Ich gab ihr Namen und Adresse meines Hotels sowie meine Zimmernummer und lud sie zu einem Nachtmahl ein, sobald die Party vor lauter Langeweile unerträglich würde; sie nahm dankend an, nachdem ich ihre Frage – ob man in meinem Hotel das Frühstück ans Bett bringe –, zu ihrer Zufriedenheit beantwortet hatte, denn in ihrem Hotel sei der Zimmerservice durchweg hundsmiserabel.

Wir verliefen uns voreinander, und plötzlich stand ich wieder neben Theodor. Er saß auf einem Gartenstuhl und starrte ungläubig eine Languste an, die er in Händen hielt.

»Was ist los?« fragte ich ihn.

»Ach, nichts. Ich bin halt kein Gesellschaftsmensch.«

»Ist dir denn die Gesellschaft einer gekochten Languste schon zuviel?« witzelte ich.

»Darüber kann ich gar nicht lachen«, gab er zurück. »Die Frau da, mit der du die ganze Zeit geredet hast, ist die hübsch?«

»Hast du keine Augen im Kopf?«

»Ich habe eine Languste in der Hand!« verteidigte er sich. Er roch an der Languste. Dann sagte er leise zu sich:

»Merkwürdig, ich mag gar keine Langusten.«

Ich verließ ihn und begegnete Ferdinand. Er war bei der Apokalypse des Johannes angelangt und malte dem Baron mit eindringlichen Armbewegungen aus, wie die Erde allmählich zu Staub zerfalle, und mit ihr auch er, der Baron.

»Na, hast du sie?« fragte er plötzlich, mir zugewandt, seinen Monolog unterbrechend.

»Wen?«

»Na, diese Schauspielerin!«

»Ich denke schon.«

»Tja, dann viel Spaß!« Und er setzte mit den Weissagungen des Nostradamus wieder ein.

Willibald kam mir entgegen.

»Ich habe doch noch Cognac aufgetrieben«, sagte er, während er mir ein gutgefülltes Glas reichte. »Schätze, du kannst ihn jetzt gebrauchen.«

»Wieso?«

»Ach...« Er deutete mit dem Kopf und genießerischem Augenrollen auf die Schauspielerin S., die gerade einige Worte mit der Gastgeberin wechselte und mir dabei aus der Entfernung zulächelte.

»Lesen Sie doch bitte aus Ihrem letzten Buch vor!« bat mich der Gemahl der Gastgeberin, ein Kunstsammler mit Bartstoppeln im Gesicht und einer Baskenmütze auf dem Kopf.

»Muß das sein?« stöhnte ich.

»Natürlich!« Er packte mich an den Schultern. »Wenn wir Sie schon hier haben! Und bevor sie uns unsere schönsten Gäste wegnehmen!« Er zwinkerte mir zu.

Also las ich einige Kapitel aus meinem Roman. Ich wählte die traurigsten aus, denn ich hatte die merkwürdige Erfahrung gemacht, daß bei diesen am meisten gelacht wurde.

Dann gab es ein Feuerwerk. Einen Geburtstagskuchen mit verräterischen zweiunddreißig Kerzen darauf. Ein kurzes Referat W.s über die richtige Temperierung des Weines. Der Komponist K., der merkwürdigerweise auch anwesend war, obwohl sich weder die Gastgeberin noch ihr Gatte daran erinnern konnten, ihn eingeladen zu haben, spielte auf dem hauseigenen Bechstein-Flügel eine seiner mehr als dreihundert Klaviersonaten. Die Schauspielerin S. flüsterte mir dabei ein »Entsetzlich« ins Ohr; recht hatte sie. Ein Ballettensemble entkleidete sich kollektiv und sprang in den Swimming-Pool. Es gab Putenfleisch. Und vieles mehr.

Theodor saß unter einer Eiche und hatte Mühe, die Augen offenzuhalten.

»Du bist auch noch hier?« fragte ich ihn.

»Mich wundert eher, daß du noch hier bist«, gab er zurück.

Willibald fand ich auf der Toilette.

»Was machst du denn an diesem Ort?« wollte ich von ihm wissen.

»Zuviel...«, preßte er hervor, »zuviel Cognac...!«

Und Ferdinand reparierte gerade das Hörgerät des Barons.

»Alter Junge«, fragte ich, »womit beschäftigst du dich denn?«

»Von Technik hast du wohl auch keine Ahnung?« fragte er mich und hielt mir das auseinandergeschraubte Hörgerät hin. Ich schüttelte den Kopf.

»Das war ja klar«, giftete er mich an, »ich nehme an, du hast Besseres zu tun.«

»Kann sein«, erwiderte ich und ließ ihn stehen.

Der Ehemann der Gastgeberin stellte sich mir in den Weg. »Daß Sie mir ja nichts über diese Feier schreiben!« zischte er. »Meine Frau wäre todunglücklich!«

»Keine Angst«, beruhigte ich ihn.

»Wollen Sie jetzt nicht lieber gehen? Ich könnte mir vorstellen, daß unsere – Ihre – junge Schauspielern S. auf Sie wartet!«

Ich gab ihm die Hand, wünschte seiner Gattin weitere zweiunddreißig Jahre, fand Theodor schlafend, Willibald einige Heimatgesänge zum Besten gebend und Ferdinand, versunken in ein Lehrbuch für Elektronik, das er sich aus dem Kinderzimmer geborgt hatte.

Dann machte ich mich mit der mittelmäßigen Schauspielerin S. davon. Wir kamen gerade noch rechtzeitig zum Frühstück ins Hotel.

DOKTORWÜRDE

Weil ich bemerkt hatte, daß der Doktortitel mir gut zu Gesicht stünde – quasi ein wenig Blässe auf meiner abenteuergestählten Haut –, beschloß ich, mir einen solchen zuzulegen.

»Willibald«, rief ich, als ich ihn an der Promenade traf, wo er vorübereilenden Passanten geschickt die Geldbörsen entwendete, »wie kommt man zu einem Doktortitel?«

»Hm«, machte er, er hatte nämlich selber einen oder zwei, »man geht zur Schule, lernt fleißig einige Jahre nutzloses Zeug, verquirlt es im Kopf zu einem ungenießbaren Brei, und heraus kommen die beiden Wunderbuchstaben.«

»Ich bin ein bedeutender Schriftsteller«, erwiderte ich, »ich kann doch nicht nochmals die Schulbank drücken. Und nutzloses Zeug verfertige ich selber in großem Ausmaß, da braucht mir keiner etwas vorzumachen.«

Willibald verzog seine Gangstervisage zu einem Lächeln.

»Ich könnte dir eine Ehrendoktorwürde verschaffen«, sagte er, »das ist sowieso viel besser. Man lebt gesünder damit.«

Und schon einen Monat später erhielt ich die Ehrendoktorwürde der Universität Khartum für meinen Roman »Ein Leben auf dem Dottermond« (ein wirklich schöner Roman) und überhaupt.

»Erstaunlich«, sagte ich, als Willibald mir das Zertifikat überreichte. Es war in arabischer Sprache verfaßt. »Ein regionaler Dialekt des Arabischen, weitgehend unbekannt«, sagte Willibald, »nur für den Fall, daß du es mal übersetzen lassen solltest.«

»Ach, wozu?« fragte ich und schüttelte meinem Freund die Hand, »außerdem habe ich das neue Briefpapier mit den beiden Wunderbuchstaben schon bestellt.«

Wir lachten herzlich. Seit diesem Tag begegnet man mir übrigens mit allergrößtem Respekt, sogar der Mann am Postschalter grüßt mich neuerdings freundlich.

LA FEMME

Ferdinand hatte mit einem (übrigens sehr merkwürdigen) Gedicht eine Frau erobert, und Theodor, Willibald und ich standen nun um sie herum und begutachteten sie.

»Schön, schön«, sagte Theodor nach einiger Zeit, »aber wir könnten ja nun eigentlich belegte Brote essen.«

»Ist das alles, was dir dazu einfällt?« schnauzte Ferdinand, der sehr stolz auf seine Eroberung war.

»Backobst«, warf ich ein, »Nudeln mit Backobst.«

Ich schnipste ein wenig von der Asche meines abgebrannten Zigarillos auf die Frau, die sogleich zu husten begann.

»Oder Lasagne?« Theodor bekam allmählich Appetit.

»Wir könnten thailändisch essen gehen«, schlug Willibald vor, »da erwartet man nicht so viel Trinkgeld.«

»Indisch!« rief Theodor überlaut, »wir gehen indisch essen!« Er klatschte vor Wonne in die Hände.

Ferdinand schaute seine Eroberung an, die vom vielen Husten ganz rot im Gesicht geworden war. Dann schaute er uns an.

»Nun gut«, sagte er schließlich, »gehen wir zum Inder.«

Wir verließen die Abstellkammer, in der sich dies alles abgespielt hatte, und sperrten sie hinter uns zu. Kurz lauschten wir an der Tür, ob Ferdinands Eroberung in der Kammer noch röchelte, dann gingen wir schnurstracks ins indische Restaurant um die Ecke, wo ich über die Massagebetten in den neuesten französischen Luxushotels referierte.

THEATER

Eine sehr junge Cousine auf der Durchreise hatte mich unter Aufbringung bekannter weiblicher Eigenschaften, die übrigens für sich genommen durchaus einen gewissen Sinn machen, dazu gezwungen, sie in ein modernes Theaterstück zu begleiten.

Nicht, daß ich moderne Theaterstücke nicht ausstehen könnte, im Gegenteil, die meinen sehe ich mir sogar mit ungetrübter Begeisterung an, doch im allgemeinen handelt es sich bei ihnen um verlorene Liebesmüh.

»Das ist aber seltsam«, flüsterte meine Cousine mir zu, als eine achtzigjährige Schauspielerin auf das Notebook ihres jungen Kollegen kotete.

»Paß nur recht schön auf«, sagte ich, »gleich spazieren SS-Männer auf die Bühne«, und wirklich, so geschah es.

Ich machte noch einige weitere treffende Voraussagen, und meine Cousine bewunderte mich sehr.

»Wer war denn jetzt der Gute?« fragte sie, als wir im Taxi saßen und nach Hause fuhren, »Fidel Castro? Oder Kambodscha?«

»Kambodscha ist ein Land, Mädchen«, erwiderte ich, »mir scheint, du hast das alles nicht so ganz verstanden.«

Beschämt senkte sie ihren Blick.

»Ich bin halt nicht literarisch«, sagte sie leise, »ich bin nur ein süßes kleines Ding, das sich gerne von Jungs einladen läßt.« Sie trug ein kurzes Röckchen und sonst nicht allzuviel.

»Wirst du denn nach dieser Erfahrung jemals wieder ins Theater gehen?« fragte ich, während ich meine Hand auf ihr Knie legte.

»Ist doch eh alles ein Scheiß-Theater!« schrie sie mich wutentbrannt an, nutzte den Halt vor einer roten Ampel, stieg aus und knallte die Taxitür zu. Der Fahrer kicherte, ich hingegen war einen Moment lang perplex. Dann wurde mir klar, wie recht die Kleine hatte.

Sie sprang übrigens in den Fluß und heiratete den großen Theaterregisseur Gott.

GLÜCK

Theodor lag breitbeinig vor meiner Haustür und schnaufte. Es war der Komponist K., der mich darauf aufmerksam machte, als wir von einem gemeinsamen Spaziergang zurückkehrten.

»Haben Sie neuerdings einen Hund?« fragte er.

Noch während ich verneinte, summte er bereits wieder die Eroica-Sinfonie, etwas Besseres fiel ihm nämlich nicht ein.

»Theodor, was tust du hier?« fragte ich diesen besorgt.

»Ah, du bist es«, freute er sich, »ich ruhe mich gerade aus, mir war danach zumute.«

»Aber du liegst wie ein Hund vor meiner Haustür und schnaufst!«

Er lächelte.

»Weißt du«, sagte er nach einer Weile, die Sonne schien ihm ins Gesicht, die Eroica-Sinfonie umsummte ihn, »ich bin zum ersten Mal seit sieben Jahren wieder glücklich, und das nur, weil ich vor deiner Haustür liege und schnaufe.«

Der Komponist K. kletterte ungerührt über Theodor hinweg in mein Haus und warf schon mal die Kaffeemaschine an. Ich betrachtete noch einige Minuten den glücklich schnaufenden Theodor vor meiner Haustür, dann ging auch ich ins Haus und trank eine Tasse duftenden Kaffees.

ALTENHEIM

Theodor hatte ein neues Hobby. Es bestand darin, Altenheime zu inspizieren. Jede Woche nahm er sich eines vor und inspizierte es von oben bis unten.

Ich schüttelte verständnislos den Kopf.

»Warum inspizierst du keine Mädchenschulen?« fragte ich, »das ist zumindest vitaler.«

»Nein, nein«, entgegnete er, »es geht mir um die Zukunft, denn ohne Zweifel werde ich schon in wenigen Jahren in so einem Altenheim landen und dort die Zeit totschlagen. Du weißt ja, entweder leben die Menschen so lange, bis sie sterben, oder sie leben kurz und sterben dann. Das sind die beiden einzigen Möglichkeiten. Wenn ich bald sterbe, habe ich immerhin ein Hobby gehabt (das ist besser als nichts), wenn ich hingegen noch lange lebe, habe ich mir durch mein Hobby Kenntnisse und Fähigkeiten verschafft, die sich dann gewiß jahrelang auszahlen werden. Ich kenne z.B. die Vorlieben der Pfleger, die Lage und Temperierung der Kühlschränke, die Krankheitsverläufe der Alten und ihre sozialen Ränge, lauter solche Dinge, was ja von unbestreitbarem Vorteil ist.«

Ich war erstaunt über Theodors weitreichende Lebensplanung und schockiert darüber, daß ich so weit noch nie gedacht hatte.

»Denke nur«, redete Theodor weiter, »die meisten Alten leben länger im Altenheim, als sie in die Schule gegangen sind. Die Zeit im Seniorenheim ist die Sahne auf dem Cappuccino des Lebens, und ich« – hier lächelte er selig –, »ich will auch noch das Kakaopulver auf der

Sahne genießen.«

Wir redeten noch weiter über dieses Thema, und als ich schließlich alleine durch die Abenddämmerung nach Hause spazierte, wurde mir klar, daß ich mich künftig mehr an Theodor halten müsse; hatte er es bislang in seinem Leben auch zu nichts gebracht, so würde seine Zeit gewiß noch kommen, und es wäre gut, dann von seiner speziellen Bildung zu profitieren. Er hatte auch schon den Zahnarzt aufgesucht und ihn um dritte Zähne gebeten, aber seine eigenen waren noch gut genug.

MEERBLICK

Ich spazierte an der Riviera umher und schaute auf das ruhige Meer. Lange Zeit geschah gar nichts; ich spazierte und schaute, schaute und spazierte, die Sonne schien, das Meer lag schön in seinen Buchten und Tälern.

Doch auf einmal bemerkte ich – und diese Erkenntnis glich einem schweren Schlag gegen die Schläfe –, daß das Meer mich anstarrte. Ich blieb stehen und rang nach Atem. Ich schaute nochmals sehr genau hin – kein Zweifel, das Meer betrachtete mich. Das war nun ein unhaltbarer Zustand. Ich versteckte mich zunächst, so gut es ging, hinter einer Palme am Wegesrand, doch wurde mir rasch klar, daß dies kein Ausweg war; im Hotel würde man mich vermissen, ich hatte Halbpension gebucht, am Abend eine Verabredung mit der reizenden Tochter des Zeitungszaren Z., und überdies sollte es Steinbutt geben.

Also ging ich mutig einige Schritte vorwärts, stellte mich, die Arme in die Hüften gestemmt, dreist vor das Meer und steckte ihm die Zunge heraus. Unverschämtheit, mich so anzustarren!

Das Meer blinzelte mir spöttisch zu und jagte mir im selben Augenblick ein paar Liter Salzwasser ins Gesicht. Völlig durchnäßt ging ich weiter. Einige Touristen zeigten mit den Fingern auf mich und raunten sich böse Dinge zu. Nun hörte ich auch noch, wie das Meer mich auslachte. Es hatte ein tiefes, öliges Lachen. Das war zuviel. In einem Waffengeschäft am Wegesrand kaufte ich mir einen Karabiner und stürmte auf die nächste Strandpromenade. Das Meer hatte schon mit einem Fernrohr nach mir Ausschau gehalten, und jetzt, wo es mich Wütenden erblickte, grinste es breit von West nach Ost. Ich lud den Karabiner und feuerte ein paar Schüsse ab.

Leider hatte ich mir die Lösung dieser Angelegenheit zu einfach vorgestellt. Ich zielte ungenau, traf das Meer nur an der Oberfläche, und solchermaßen gereizt, stürmte es nun auf mich zu, die Gesichtszüge voll von Raserei, und die Wellen fielen über mich her, zogen mich herab, seiften mich tüchtig ein und spieen mich an einem verlassenen Strandabschnitt wieder aus.

Von dort fuhr kein Autobus, und eine Telefonzelle sah ich auch nicht, aber es wurde nun wirklich allerhöchste Zeit für meine Verabredung, Frauen sind ja sehr empfindlich, was das Zuspätkommen anbelangt, und die wahrheitsgetreue Berichterstattung meiner Erlebnisse würde – wie üblich – als ungehörige Ausrede und lächerliche Ausgeburt meiner Phantasie abgetan werden.

So blieb mir nichts übrig, als das Meer um Verzeihung zu bitten. Zwar litt mein Stolz unter dieser Geste, doch meine Vernunft stellte diese Empfindung rasch wieder ab. Gutmütig reichte mir das Meer nun die Hand, wünschte mir weiterhin alles Gute, vor allem noch einen weiteren Bestseller wie seinerzeit »Ein Leben auf dem Dottermond«, bestellte gar noch rasch ein Taxi für mich und machte sich dann aus dem Staub.

KINDHEITSERINNERUNG

Wir standen am Waldsee und schleuderten Steine hinein. Als wir am Ufer keine Steine mehr fanden, brachen wir Baumzweige ab und warfen sie ins Wasser. Diese hatten den Nachteil, daß sie auf dem Wasser trieben und nicht untergingen. Das zeugte von unserer grausamen Aktivität an lebendigen Bäumen und würde uns bestimmt einen strengen Verweis unseres Fräulein Lehrerin einbringen.

Also packten wir Rudolf und warfen ihn ins Wasser. Er sollte die Äste im Wasser aufsammeln und an Land bringen, um sie dort zu vergraben. Aber Rudolf schrie nur einige Male und ertrank. Die auf dem Wasser treibenden Zweige aber wurden ausgerechnet vom Bürgermeister entdeckt, der eine unbotmäßige Liaison mit dem Fräulein Lehrerin unterhielt.

Die Folgen waren so grauenhaft, daß ich lieber nicht darüber sprechen möchte. Als wir dann eine Woche später wieder Süßigkeiten essen durften, waren wir froh und lachten.

RUFMORD

Ich saß in der weitläufigen Halle des »Carlton«-Hotels bei einem Glas Bommerlunder und blätterte ein wenig in dem neuen Roman des Literaten L., »Humpenbergs Reise ins Terrakottaland«, der in einigen Zeitschriften überraschend passabel besprochen worden war, (ein schnödes Machwerk, wenn Sie mich fragen), als L. auch schon um die Ecke bog, bei sich zwei blonde Püppchen mit hochhackigen Schuhen, langen Beinen und ausladenden Brüsten, und mich mit einem herablassenden Lächeln anging.

»Werter Kollege«, sagte er, »Sie sind wohl auch zu Gast des Zeitungszaren Z.? Ja, ja«, sein Lächeln wurde nachsichtig, »ich weiß natürlich, daß seine Tochter (die geht ja nun auch schon auf die dreißig zu oder ist sie es bereits?) ein Faible für Sie hat, bei der Sonnenuntergangsromantik Ihres letzten Buches (das neuerdings in Versandbuchhandlungen verramscht wird) ja auch kein Wunder.«

Nun lächelte er ganz freundlich. Die Blondinen hinter ihm öffneten ihre runden Münder, um zu kichern, ein für sie offenbar nicht ganz neues Betätigungsfeld.

»Sie lesen gerade mein Buch?« bemerkte L. »Nun, daß Sie mir ja nicht daraus abschreiben!« Und er drohte mir mit dem Zeigefinger. Die Blondinen kicherten lauter. Ich nippte währenddessen ruhig am Bommerlunder, dann winkte ich den Kellner herbei und bestellte ein scharfes Steakmesser.

»Was wollen Sie mit dem Messer?« fragte L. Seine Nasenflügel bebten, weil ihm ein kleiner Scherz eingefallen war. »Sie wollen doch wohl nicht etwa aufschneiden?«

Und nun brüllte er vor Lachen los, klopfte sich gar auf den Schenkel, ein derart ungehöriges Benehmen, daß der japanische Spielzeugfabrikant J. am Nebentisch sich empört erhob und nach Hause flog.

Nachdem der Kellner mir das Steakmesser gebracht hatte, sprach ich – immer noch die Ruhe selbst – zum Literaten L.: »Wollen doch mal sehen, ob Sie wirklich so ein schnittiger Typ sind, wie Sie vorgeben«, und rasch trennte ich ihm den Kopf vom Rumpf. Der Kellner brachte mir eine römische Standarte, um L.s Kopf darauf aufzuspießen, und während einige Pagen den Leichnam beiseite schafften, pflanzte man die Standarte mit dem Kopf darauf vor dem Hotel auf, wo sie noch heute steht und von meinem literarischen Ruhme kündet.

GEMÄLDE

Der Maler M. hatte die Elite der Stadt zu einer Vernissage eingeladen. Man war allgemein froh, wieder einmal auf Kosten anderer essen und trinken zu können, weshalb derart viele Personen ihr Kommen zugesagt hatten – die Elite von heute ist auch nicht mehr das, was sie einmal war –, daß der Platz in der Galerie nicht ausreiche, um sie alle unterzubringen.

»Was soll ich nur tun?« jammerte der Maler M., der mich dieser Misere wegen aufgesucht hatte. »Heute abend bin ich ein geschlagener Mann«, sagte er und vergoß einige Tränen der Enttäuschung.

»Ach was«, sagte ich, »lassen Sie mich nur machen.«

Und siehe da, die Vernissage wurde ein voller Erfolg. Die Elite aß und trank, das eigens eingerichtete Separée hatte Hochbetrieb, und neben diversen Ehebrüchen kamen auch lukrative Waffenverkäufe zustande.

Nur M. war anfangs nicht so zufrieden, wie er es hätte sein sollen.

»Beruhigen Sie sich«, sagte ich ihm, »meine Aufgabe war es, Platz zu schaffen. Nun beklagen Sie sich bitte nicht, daß ich Ihre Gemälde verbrennen mußte. Niemand interessiert sich in Wirklichkeit für Gemälde, wußten Sie das nicht?«

Er schüttelte traurig den Kopf. Aber als ich ihn mit der recht ansehnlichen Gattin des Bauunternehmers B. bekannt gemacht hatte, schlugen seine Gedanken rasch freudigere Pfade ein, und am nächsten Tag wurde von gutunterrichteten Quellen sogar behauptet, es sei nicht bei Gedanken allein geblieben.

So wuchs der Ruhm des Malers M. dank meiner uneigennützigen Mithilfe schneller, als er selbst es in seinen grellbunten Träumen und vielfarbigen Hoffnungen erwartet hatte.

LEDER

Mein Freund Ferdinand hatte sich in den Kopf gesetzt, sein Leben mit Leder zu beschlagen, weil es so haltbarer und kostbarer zugleich werden würde. Da sein Schwager sich als Prokurist bei der berühmten Lederfabrik Kuno Kunz & Co. verdingte, kam er billig an größere Mengen exquisiten Leders heran, um das ihn manch einer beneidete.

Nun hatte er schon Haus und Hof, Hund und Katze sowie Körper und Seele mit Leder beschlagen, war auch nach anfänglich dilettantischer Herangehensweise zu einigermaßen professionellen Ergebnissen gekommen, über die in Kreisen von Kennern, zu denen ich übrigens nicht gehöre, mit Bewunderung gesprochen wurde, als er eines Tages unangemeldet bei mir vorsprach. Er hatte seinen ganzen Körper mit Leder ausstaffiert, auch sein Gesicht, weshalb ich ihn nicht sofort erkannte.

»Jetzt möchte ich meine Freunde mit Leder beschlagen«, sagte er, »denn was ist so ein Leben schon ohne echt lederne Freunde?«

»Sehr richtig«, stimmte ich zu, »aber meinst du nicht, daß du zunächst an dich selbst denken solltest, bevor du deine Freunde derart beglückst?« Denn es entsprach durchaus nicht meinem Lebensideal, als teure Lederschwarte durch die Straßen der Stadt zu flanieren.

»Aber ich bin doch nun schon ganz und gar in Leder eingeschlagen!« rief er aus. »Siehst du das denn nicht?«

»Doch, doch«, beschwichtigte ich ihn, »aber ledern bist du nur an der Oberfläche, nicht innerlich, nicht, was Milz und Magen angeht. Du solltest fortan Blutwurst meiden und statt dessen echtes Schweinsleder verspeisen.«

Dieses Argument leuchtete ihm ein. So sitzt er noch heute in meinem Wohnzimmer und kaut sich durch dicke Lederhappen hindurch, ich aber trage tagsüber immer noch Flanellhose und Brokathemd und nachts einen gestreiften Pyjama.

BENEFIZ

Den Politiker P. traf ich neulich in der stadtbekannten Paradies-Bar. Ich übte mich gerade in gewissen Pikanterien, da klopfte er mir jovial von hinten auf die Schulter.

»Na, alter Junge«, rief er, »auch inkognito hier?«

»Beruflich«, erwiderte ich, ohne mein Tun zu unterbrechen, »für meinen nächsten Roman.«

»Ah!« rief er, »das ist ja schön! Diese Runde geht übrigens auf meine Kosten«, und jetzt rief er noch lauter, »denn dies hier ist eine Benefiz-Veranstaltung für die armen Kinder in der Dritten Welt!« (Der Politiker P. war nämlich auch im Vorstand einer bekannten Spendenorganisation.)

Da waren nun alle begeistert und ließen sich Champagner kommen. Man hatte allerdings nicht mit Theodor gerechnet, der aus irgendeinem unwichtigen Grund auf der Suche nach mir war und plötzlich in seinem grauen Trenchcoat die Paradies-Bar betrat.

»Dies ist eine Benefizveranstaltung«, erklärte ich ihm, als er mich endlich gefunden hatte, »da drüben siehst du auch den Radsportler R. und den Maler M., ist doch schön, daß die beiden ohne Honorar an dieser Veranstaltung teilnehmen.«

»Hm«, machte Theodor, der nie zuvor ein solches Etablissement betreten hatte und sich nun irritiert umschaute, »ich würde mich für so etwas ja nicht hergeben.«

Nun hatte Theodor durch sein trübseliges Erscheinen das allgemeine Vergnügen jäh gestört, und der Politiker

P., den ohnehin seine Familie schon zum Essen erwartete – »immer diese politischen Verpflichtungen«, würde er seine Verspätung rechtfertigen –, begann schon damit, Plastiktüten herumgehen zu lassen.

»Wozu das?« fragte Theodor.

»Na, für die armen Kinder in der dritten Welt«, sagte ich und warf meine Visitenkarte in die Tüte. »Sie sollen doch wissen, wer etwas für sie getan hat.«

»Wenn das so ist«, sagte Theodor und legte die seine hinzu, dann wurde die Tüte zugeklebt und in die Slums von Rio de Janeiro geschickt, wo die Visitenkarten gewiß noch heute als Beispiel für tiefe Moral und gelebte soziale Verantwortung herangezogen werden.

BUMM

Der Komponist K. war nun schon einige Jahre in der Versenkung verschwunden, als ich ihn eines Tages völlig unerwartet in der Akademie von Stockholm erblickte, wo man mir den einigermaßen gut dotierten Nobelpreis für Literatur angetragen hatte.

»Was machen Sie denn hier?« fragte ich ihn auf dem anschließenden Empfang.

»Ich plane ein Attentat«, sagte er.

»Sie sind also ein Terrorist geworden?« vergewisserte ich mich. Wer hätte das geahnt! Er nickte stolz, und ich beglückwünschte ihn zu seinem beinahe jugendlichen Engagement. Seine ansonsten so blassen Wangen hatten eine gesunde rötliche Farbe angenommen, sein bislang so hagerer Körper war vom Training in Palästinensercamps muskulös und stattlich geworden, und seinen Mittelscheitel hatte er lässig zur Seite gekämmt. Er sah besser aus als je zuvor.

»Haben Sie Dynamit dabei?« wollte ich wissen. Er deutete auf die Herrentoilette; dort hatte er ein ganzes Arsenal gebunkert.

»Höchst erstaunlich«, sagte ich. »Wie wollen Sie das Attentat denn nun durchführen?«

»Hm«, antwortete er kleinlaut, »so genau weiß ich das auch noch nicht.«

»Nur das Offensichtliche ist verborgen genug«, erklärte ich ihm. »Wir bitten einfach jeden der Gäste, eine der Dynamitstangen in die Hand zu nehmen und anzuzünden. Sie werden sehen, das funktioniert.«

Ich bat ein paar Ehrengäste, die Herrentoilette aufzusuchen, um sich mit Dynamit auszurüsten.

»Nicht mehr als eine Dynamitstange pro Person«, schärfte ich ihnen ein.

Das Gerücht, es gebe etwas umsonst, machte rasch die Runde, so daß die Schlange vor der Herrentoilette unablässig wuchs. Einige Damen unter ausladenden Hüten kicherten, als sie die Herrentoilette betraten. Nur für den Vorsitzenden des Akademierates war kein Dynamit mehr übrig, weshalb er sich bitterlich bei mir beklagte.

»So können Sie das mit mir nicht machen, schließlich habe ich Sie doch für den Preis vorgeschlagen«, jammerte er, ein nur zu berechtigter Einwand, und so drängte ich eine junge Prinzessin, ihren Sprengstoff dem alten Herrn zur Verfügung zu stellen, was sie auch pflichtbewußt tat.

Als nun alle Anwesenden die Dynamitstangen in Händen hielten – der König hatte die größte bekommen –, bat ich die Kapelle, den Königskarpfenwalzer zu spielen, ein hübsches Stück Musik, das der Komponist K. in besseren Tagen verfertigt hatte, und instruierte den Hofmarschall, in fünf Minuten die Anweisung zum Zünden zu geben. Dann verabschiedete ich mich noch von einigen Freunden, die meinen frühen Rückzug sehr bedauerten, und verließ zusammen mit dem Komponisten K. das Gebäude.

Als die Akademie mit den illustren Gästen darin in die Luft flog, bedankte sich der Komponist K. überschwenglich bei mir, denn mit so einem guten Ausgang der Geschichte hatte er in seinen kühnsten Träumen nicht gerechnet.

DER MEISTERDIEB

Mein Freund Willibald hatte ein großes Vermögen ergaunert. Einmal lud er mich in seinen Palast am Rande der Stadt ein. Draußen befand sich der Comer See; Willibald hatte ihn an einem verschneiten Sonntagmorgen vor zwei Jahren mit sich genommen. In Como stand man seither vor einem Rätsel statt vor einem See.

»Hier lebe ich«, sagte er, »glücklich, still und bescheiden.«

Ich fand allerdings, daß von Bescheidenheit keine Rede sein könne; nicht nur waren überall Berge von Diamanten, Golddukaten, Dollarnoten und Meistergemälden ausgestellt, von denen mich vor allem ein Bild des Malers M. entzückte, das erst unlängst aus dem Louvre entwendet worden war, nein, ich entdeckte auch den englischen Premierminister sowie Fidel Castro, die mein Gastgeber an teuren Louis-Quatorze-Möbeln festgebunden hatte, ja, sogar ein kleiner Plutoniumreaktor befand sich neben der Küche.

»Du bist in deinem Metier genauso meisterhaft wie ich«, lobte ich Willibald, als wir auf der Veranda saßen, wo uns die mittelmäßige Schauspielerin S. bediente; sie bewegte sich nur langsam vorwärts, weil Willibald eine schwere Eisenkugel an ihr linkes Bein gebunden hatte.

Ich trank einen Cognac Napoléon, der, wie Willibald glaubhaft versicherte, aus den Beständen des französischen Präsidenten stamme, »ein netter Kerl, ein prima Kollege.«

»Du hast nun schon so vieles erreicht«, sagte ich, »du umgibst dich mit hochangesehenen Menschen, schönen

Frauen und erlesenen Dingen. Kunst und Natur gleichermaßen liegen dir zu Füßen. Was willst du mehr? Hast du noch Ziele? Pläne? Visionen?«

»Ja«, sagte Willibald leise. »Die Zeit raubt mir allmählich mein Leben; aber du wirst sehen, das hole ich mir zurück, selbst wenn es meine letzte Handlung ist!«

Er ballte die Fäuste und drohte dem Himmel. Sofort begann es zu regnen. Wir gingen daraufhin in den Salon zurück. Weil uns zum Skat der dritte Mann fehlte, verabschiedete ich mich bald und trat den Heimweg an.

LIEBE 2

Die Liebe dient ja erfahrungsgemäß vor allem dem Überleben der Schmuckindustrie. Geschenke aus Gold, Silber, Platin und Diamanten werden in eigens dafür ausgestochene Körperöffnungen gesteckt. Dieses erstaunliche Phänomen ließ meinen Freund Theodor nicht ruhen. Er überlegte hin und her, vor und zurück, und schließlich erzählte er mir von seinem Plan:

»Man könnte als Juwelier schneller reich werden, wenn die Opfer der Liebe eine größere Masse an Edelmetallen mit sich herumtragen würden. Liebe ist bekanntlich vor allem eine Sache der Liebesbeweise, und von deren Größe hängt ja nun doch schon einiges ab; so ist es übrigens auch schon immer gewesen, wenn mich meine geschichtlichen Kenntnisse nicht allzusehr trügen.«

Soweit konnte ich ihm folgen.

»Ketten sind die größten Schmuckstücke, die heutzutage erhältlich sind, aber wenn man sie über Gebühr verlängert, stolpern die solcherart geschmückten Menschen darüber und fallen zu Boden. Ohrringe sind immer klein, selbst die größten unter ihnen, weil sie nun einmal ins Ohrläppchen gesteckt werden, und sie dürfen nicht zu schwer sein, sonst würden sie es zerreißen.«

Auch dieses leuchtete mir ein.

»Wenn man nun«, fuhr er mit gesenkter Stimme fort, »nicht die Ohrläppchen durchbohren würde, sondern den Kopf, beispielsweise indem man die beiden Ohröffnungen miteinander verbindet, so könnte man einen riesigen Goldring hindurchstecken. Das ist doch eine gute Idee.«

Ich bezweifelte dies, aber er widersprach heftig.

»Man könnte etwa« – führte er weiter aus – »an der oberen Hälfte des Goldrings einen Platinschirm anbringen, so daß man sich einen Hut oder eine Mütze erspart. Sollte man dennoch naß werden, kann man sich an dem Ring ganz einfach zum Trocknen aufhängen.«

Ich wies ihn auf die physischen Folgen seines Vorhabens hin.

»Ach was«, sagte er, »Gehirn raus, Metall rein, ist ohnehin solider. Und bedenke den Profit! Einmal im Leben denke ich ans Geld, und schon verwirfst du meine Ideen!«

In der Folgezeit unterbreitete er seine Vorschläge dann der Schmuckindustrie, die den Kopfring sogleich eifrig in den Medien bewarb, weshalb heute so viele Menschen derart geschmückt durch die Straßen schlendern.

Theodor aber wurde für seine Idee, mit der andere ein Vermögen machten, mit wenigen tausend Dukaten abgespeist, die er nun auch schon lange in Alkoholika umgesetzt hat.

RUHM UND EHRE

Der berühmte Raubmörder R. machte Station in unserer Stadt. Nachdem er sich ins goldene Buch eingetragen hatte – direkt unter dem emporstrebenden Maler M. –, hielt er einen ausschweifenden Vortrag über seine Tätigkeit in der ausverkauften Stadthalle.

Er erzählte darin einige hübsche Anekdoten, enthüllte den Zuhörern ein wenig von den bis dahin ungeahnten Freuden des Raubmordens – interessante Aspekte allesamt –, und dokumentierte seine Thesen unter Zuhilfenahme einer gerade noch genügend widerspenstigen Dame aus der ersten Reihe. Lernbegierige Herren machten sich eifrig Notizen.

»Da haben Sie sich ja anständig geschlagen«, sagte der Politiker P., ein Glas Sekt in der Hand, beim anschließenden Empfang im Stadtpalais zum Raubmörder R., »und ich freue mich sehr, daß Sie trotz Ihres großes Arbeitspensums noch Zeit für unsere kleine Stadt gefunden haben.«

Er schüttelte R. dankbar die Hand.

»Sie haben eine wahrhaft ungeheure Begabung für das Raubmorden«, mischte sich der Kritiker I. nun ein, »da sind wir hier alle nur bescheidenes Mittelmaß, wenn überhaupt.«

»Zuviel der Ehre«, beschwichtigte R., »Sie sollten mich nicht größer machen, als ich bin. Gewiß spielt auch die Begabung eine Rolle, wo tut sie das nicht, aber vor allem handelt es sich um erlernbare Technik.«

Das muntere Geplauder wurde jäh unterbrochen, als der Komponist K. ungefragt eine Hymne auf R. intonierte: »Großer R., bedenk' auch unsre Nachbarn«, doch war die Melodie derart kubistisch gehalten, daß K.s Werk auf breite Ablehnung stieß.

»Nun«, erhob der Raubmörder R. das Wort, »ich möchte Ihnen für diesen warmherzigen Empfang in Ihrer Stadt sehr danken, und wie könnte ich dies besser als durch die weitere Ausübung meines Handwerks?«

Tatsächlich machte R. seine Ankündigung wahr und stellte sein Talent unter Zuhilfenahme des Bauunternehmers B., der sich vor Freude einige Tränen von seinen Wangen tupfen mußte, erneut unter Beweis. Einige Gäste zischten sich freilich zu: »B. hat das meiste Geld und die besten Beziehungen, kein Wunder also, daß R. ausgerechnet ihn für den Raubmord ausgesucht hat und nicht mich.«

Nach getaner Arbeit ließ R. sich noch einige Stunden feiern, dann verabschiedete er sich zum allgemeinen Bedauern, er sei wahrhaft untröstlich, aber die Nachbarstadt habe ihn für eine Abendveranstaltung gebucht.

Noch einige Wochen lang übten die Mitbürger sich im Raubmorden, anfangs eifrig, aber mit der Zeit träge und zuletzt eher aus Pflichtbewußtsein denn aus Lust, und schließlich wurde das Raubmorden sogar ganz eingestellt.

Gestern nun traf der berühmte Zigarrenraucher Z. in unserer Stadt ein.

DEUS EX MACHINA

Sei es aus Einfalt, sei es aus kalter, fast zynischer Berechnung – mein Freund Theodor hatte eines Tages den Politiker P. mit Damons Dolch erstochen. Er schellte mich aus dem Mittagsschlummer wach, nahm mich mit in seine kleine Wohnung und zeigte mir die Malaise, die er angerichtet hatte. Sie war vor allem blutig.

»Warum hast du das getan?« fragte ich.

»Er hat mich gänzlich konfus gemacht. Ständig erschien er hier bei mir und wollte gewählt werden. Da habe ich ihn schließlich aus dem Fernseher gezogen und erstochen.«

Theodors Motive leuchteten mir ein. Auch mir war der Politiker P. in letzter Zeit zunehmend unsympathisch geworden, trotz aller Ehrungen und Preise, die er mir verschafft hatte. Dabei hatte ich ihn doch erst zu dem gemacht, was er war! Nun ja: erst erdichtet, dann erdolcht, das ist des Schriftstellers Geheimrezept.

»Deine Handlungsweise war nicht böse«, sagte ich Theodor, »man wird sie sicher begreifen. Hab' keine Angst!«

»Darum mache ich mir auch keine Sorgen«, erwiderte Theodor, »öffentliche Anerkennung ist mir sicher, gewiß, aber was wird aus dir? Dein Personeninventar wird immer geringer, und ich fürchte, bald wirst du dich nur noch mit dir selbst beschäftigen. Und das – bitte nimm es mir nicht übel – wäre äußerst langweilig.«

Theodor war ungewohnt hellsichtig, und so kam es gerade recht, daß plötzlich der Deus ex machina im Zimmer erschien. Er kam geradewegs aus einer griechischen Tragödie und rauchte eine Pfeife mit ägyptischem Tabak.

»Was sollen wir tun?« fragte ich ihn. »Können Sie nicht Theodors Freveltat ungeschehen machen?«

Der Deus ex machina dachte über meinen Vorschlag nach, während er an seiner Pfeife paffte und sich den blonden Schnurrbart glattstrich, dann rang er sich zu einem Entschluß durch und spulte die Geschichte so lange zurück, bis nichts mehr von ihr übrig blieb.

COMPUTER

Mein Freund Willibald hatte sich einen eigenen Computer bauen lassen. Seine Augen leuchteten stolz, als er ihn mir vorführte.

»Du wirst schon sehen«, sagte er, »ein Wunderwerk der Technik.«

Das Äußere des Computers war weder auffällig noch in ästhetischer Hinsicht sonderlich bemerkenswert. Er war grau und kalt, roch ein wenig nach Paraffin und sah leicht verbittert aus.

»Was wirst du nun tun?« fragte ich Willibald.

»Zunächst einmal füttere ich den Computer mit Daten«, antwortete er. Er nahm ein paar Blumenvasen und gab sie in einen großen Trichter, der an dem Computer befestigt war. Sogleich begann dieser zu leuchten, zu keuchen und zu spucken, und nach einer Weile sagte das Gerät, wenn ich mich nicht täusche, mit einem gelangweilten Unterton: »Datenschrott.«

»Das sagt er immer«, meinte Willibald liebevoll, »ist er nicht süß?«

Er stopfte noch einige andere Gegenstände in den Trichter, darunter die Encyclopedia Britannica, eine Eberesche, drei weiße Mäuse und einen Brief der Gräfin Marie d'Agoult. Immer antwortete der Computer: »Datenschrott.«

»Hm«, sagte ich schließlich, »ich schaue mir das mal von innen an«, und sprang in den Trichter, ehe Willibald mich aufhalten konnte.

»Ah«, sagte der Computer, nachdem er mich vertilgt hatte, »ich glaube, ich hatte da gerade einen Orgasmus.«

MOZART

Der Komponist K. liebte Fachsimpeleien über die moderne Musik, was nicht weiter verwundert, hatte er doch sonst nichts zu tun. Eines Tages besprach er mit einem gewissen Mozart die Lage der Musik in unserer Stadt, ein besonders unerquickliches Thema. Die beiden saßen im Stadtpark.

Als ich mich hinzugesellte, war Mozart gerade richtig in Fahrt gekommen und wischte K.s zaghafte Einwände einen nach dem anderen beiseite. Ich verstand kein Wort von dem, was er sagte, sondern betrachtete die Natur, während Mozarts larmoyantes Gerede mir die Ohren umspülte.

Nicht wenig erstaunt war ich, als die beiden Männer schließlich einen Entschluß faßten. Kaum etwas hatte ich weniger erwartet als ausgerechnet dies! Und tatsächlich, schon am nächsten Tag spazierten sie mit einem Transparent durch die Fußgängerzone, worauf stand: »Bürger, achtet auf eure Musik!«

Das war nun eine recht bizarre Aktion, und hätten sich nicht gewisse Damen der beiden Herren erbarmt, liefen sie wohl heute noch fahnenschwingend durch die Gegend, zwei alte Zausel, die niemand versteht.

Mozart wurde übrigens erst kürzlich vom Arbeitsamt an die Europäische Kommission weitervermittelt, wo er nun als Souffleur sein bescheidenes Auskommen findet, während K. immer noch Klaviersonaten komponiert und bei jeder Gelegenheit pfeifend die Selbstbedienungsmärkte unserer Stadt durchschreitet.

FEHLSCHÜSSE

Zu jener Zeit, als ich noch mein grünes Amazonas-Krokodil mit mir herumführte, wurden wir gemeinsam mit meinem Freund Ferdinand beim Bauunternehmer B. eingeladen. In jener Dreiviertelstunde, in der die Gattin des Bauunternehmers B. Ferdinand die frischkarierte Bettwäsche des ehelichen Schlafzimmers vor Augen führte, besprachen B. und ich zunächst die uns gerade zu Ohren gekommenen Handelsbilanzüberschüsse (B. war für seine Analysen der Handelsbilanzüberschüsse in der ganzen Stadt berühmt, von einigen Ratsmitgliedern sogar gefürchtet), als das Krokodil die Rede jäh an sich riß.

»Evidenter ist doch die Frage nach dem ökologischen Gleichgewicht der Handelsbilanzüberschüsse. Schießen die Handelsbilanzen zu weit, kippt das Gleichgewicht um, schießen sie daneben, biegen sich die übrigen Bilanzen vor Lachen, und da hat nun wirklich niemand etwas davon.«

Der Bauunternehmer B. mochte es nicht, wenn seine im Grunde doch sehr konservativen Ansichten in ihrer berechtigten Dogmatik angezweifelt wurden, deshalb trank er nun ein Glas Tomatensaft, fand darin seine berüchtigte Markigkeit wieder und sagte:

»Meiner Ansicht nach sollten die Schießereien ein für allemal ein Ende haben. Der städtische Friedhof hat neulich sogar schon eine eigene Ecke für die Handelsbilanzen reserviert. (Sie wissen ja, meine Herren, daß Handelsbilanzen kein christliches Begräbnis erhalten.) Im übrigen tun die Handelsbilanzen weder sich noch uns einen Gefallen mit ihrer Ballerei. Sie sollten lieber boxen.«

Seine Augen leuchteten, als er sich die boxenden Handelsbilanzen vorstellte. Immerhin hatte er seinerzeit den Boxeraufstand miterlebt und diesem überall in der Welt einträgliche Mahnmale errichtet.

Schließlich kamen Ferdinand und die Gattin des Bauunternehmers B. aus dem Schlafzimmer zurück, wo offenbar gut geheizt wurde, denn ihre Köpfe waren leicht errötet. Mein genußsüchtiges Krokodil wandte sich wieder seinem Erdbeermilchshake zu, während wir anderen nach draußen gingen, um Allgemeinplätze zu pflastern.

DER TRAUMBILDNER

Theodor begab sich letzthin zum besten Traumbildner der Stadt, der seinerzeit auch Martin Luther King mit einigem Erfolg behandelt hatte.

»Herr Doktor«, begann Theodor, »irgend etwas stimmt nicht mehr mit meinen Träumen. Nun gut, meine Freunde träumen seit jeher von anderen Dingen als ich, beispielsweise von Frauen« – er errötete – »oder von Flugzeugen, von Abenteuern, Goldschätzen und Weltherrschaft. Von solcherlei Dingen träumte ich nie. Meine erregendsten Träume handelten von Alkoholika, von schönen Flaschen, Formen, dem Brand in der Kehle und dem verführerischen Duft in der Nase.«

»Allerdings«, fuhr er nach einer kurzen Pause fort, ein verzücktes Lächeln hatte sich kurzzeitig um seinen Mund gelegt und war wieder zerstoben, »meine Träume sind seit einiger Zeit unscharf, ich kann kaum erkennen, was auf den Flaschenetiketten steht, ja, manchmal fällt es mir schon schwer, einen Weißwein von einem Rotwein zu unterscheiden, und wehe, es handelt sich um einen Rosé…«

Der Traumbildner hörte sich Theodors Klage schweigend an.

»Es ist ganz so«, flüsterte Theodor traurig, »als wenn man eine schärfere Brille braucht. Aber nachts sieht man doch in sich hinein, nicht aus sich heraus, optische Verstärker sind da gänzlich überflüssig. Um die Träume anzuspornen, fülle ich mich mehr denn je mit diversen Alkoholika, beispielsweise trank ich früher selten Whisky, aber heute sage ich mir, ich sollte es vielleicht einmal mit Whisky probieren, besser von scharfem Whisky träumen als von... von...« – Theodor suchte nach dem richtigen Vergleich – »von Milch«, sagte er schließlich, »aber es nützt gar nichts; ich bin nun zwar des öfteren abends betrunken, wenn man so sagen darf, und lalle vor mich hin, bis ich einschlummere, aber mit dem Träumen ist es gewissermaßen Essig.«

Der Traumbildner erhob sich von seinem Stuhl und schritt im Zimmer hin und her, wobei er, wie Theodor mir nachher bei einem Glas Glenfiddich erzählte, von Zeit zu Zeit an seinem Eichenholzschreibtisch stehenblieb, in einem dicken Buch blätterte und seinen langen Bart glattstrich.

»Es hilft nichts«, sagte er endlich, »ich muß Sie operieren.«

Denn weil Theodor innerlich in tausend Scherben zersprungen war, brachen sich seine Traumbilder, wenn er sie des Nachts erblickte, in unzähligen Glaspartikeln und wurden auf diese Weise unscharf. Der Traumbildner war jedoch ein Meister seines Fachs (man kann ihn nur weiterempfehlen), und kittete Theodor wieder zurecht. Theodors erster klarer Traum nach der Operation galt dem Wermut, und das war nun immerhin schon ein Fortschritt.

AUSGERECHNET BANANEN

»Stell Dir nur vor, wir Menschen kämen als Bananen auf die Welt, so krumm«, sagte mein Freund Ferdinand, als wir eines Abends bei einem Glas Rotwein zusammensaßen, »was da die Masseure für einen Reibach machen würden.«

»Wir bräuchten Kleidung aus Stahl, um nicht bei einer Wirtshausschlägerei unwiederbringlich zermatscht zu werden«, sagte ich. »Immerhin könnten wir uns dann die Holzsärge sparen, die sind ja recht teuer.«

»Stimmt«, sagte Ferdinand, »möglicherweise würde allerdings Kannibalismus auftreten, vor allem im Osten. Unschön, so etwas.«

»Und «, fügte ich hinzu, »die Eskimos würden dann wohl Bananen-Split heißen.«

»Es würde sich einiges ändern«, sagte Ferdinand.

»O ja«, bestätigte ich, »einiges.«

Wir schwiegen einige Minuten.

»Doch was würde das für die menschliche Sexualität bedeuten?« fragte ich plötzlich.

Wir schauten uns erschrocken an, dann starrten wir finster auf unsere Rotweingläser.

ELEFANTEN

Ich spazierte im letzten Sommer einen einsamen Waldpfad in den Pyrenäen entlang, als mir hinter einer Biegung drei Elefanten den Weg versperrten.

Es stellte sich heraus, daß sie vom Literaten L. angemietet worden waren, um seinen Ruhm durch die Wälder und Felder zu trompeten. Allerdings hatte er sie schlecht bezahlt, was bei der geringen Verkaufzahl seiner letzten Romantrilogie auch nicht weiter verwunderlich war, und so trompeteten sie recht mißmutig und mit halber Lautstärke und dehnten auch ihre Frühstückspausen über Gebühr aus.

Als nun der Literat L. des Weges kam, um seine Söldner-Elefanten zu kontrollieren, tranken diese gerade heißen Kaffee aus einer Thermoskanne und aßen hartgekochte Eier mit Ketchup.

»Warum trompetet ihr nicht?« schrie L. die drei Elefanten wutentbrannt an, denn sein Ruhm war noch längst nicht so weit vorgedrungen, wie er es sich in seiner bläßlichen Phantasie ausgemalt hatte, und aus der Ferne belächelte ihn bereits der monetäre und gesellschaftliche Ruin.

»Ach«, sagte der dickste Elefant, offenbar der Sprecher des Betriebsrates, »wir haben uns unsere Existenz ganz anderes vorgestellt, wir dachten an leuchtende Farben, Neonreklame, Rinderschmorbraten mit Rotkohl und lustige Schwänke des Bauerntheaters, statt dessen stehen wir hier in der Gegend herum und trompeten wirre Verse durch Wälder und Felder. Die Wildsäue grunzen abfällig, und die Krähen hacken die ohnehin eher mageren Pointen entzwei. Die Ameisen flüchten derweil nach Monaco. Mit Verlaub, das ganze Unterfangen hat überhaupt keinen Sinn. Wir fühlen uns mißbraucht.«

Diese Rede des Elefanten war Labsal für meine Seele. Der Literat hingegen war so gekränkt, daß er violett anlief und nach Luft schnappte. Das brachte die nötige Farbe ins Spiel.

»Ihr bekommt *mein* Geld! Ihr dürft *meine* unsterblichen Litaneien rezitieren! Wie könnt ihr euch da so dreist beschweren?«

Das Wort »beschweren« gefiel den Elefanten so gut, daß sie es sogleich auf den Literaten L. anwendeten. In der darauffolgenden Stille hörte man zunächst nur, wie sie seelenruhig ihre Eier kauten und ihren Kaffee schlürften. Einige Rehe, welche die Szene – verborgen im Gebüsch – betrachtet hatten, näherten sich nun den Elefanten und begannen mit einer harmlosen Konversation. Ein Hirsch drehte den mitgebrachten Ghettoblaster an, und man begann, miteinander zu tanzen.

Zuletzt schleppten ausgelassene Libellen auch noch einige Starkbierfässer an. Gegen Abend wurde die Party überaus viehisch, doch mein selbstauferlegter Moralkodex verlangt von mir, über die Exzesse der Nacht zu schweigen, da sie den jugendlichen Leser wohl über Gebühr beschämen würden.

Jedenfalls wurde noch ordentlich auf dem Literaten L. herumgetrampelt.

MAHNMAL

Erst kürzlich rief mich der Bauunternehmer B. an. Ich war darüber sehr erstaunt, denn unsere gesellschaftlichen Kontakte hatten sich bisher einzig und allein auf seine Gattin gestützt.

Er bedrängte mich, ihn sofort aufzusuchen, es liege ihm sehr viel daran, und ich sei überhaupt der einzige, der ihm weiterhelfen könne.

Solcherart geschmeichelt machte ich mich auf den Weg.

Die Villa des Bauunternehmers B. befand sich in einem sehr unaufgeräumten Zustand, der darauf schließen ließ, daß seine Dienstmagd vor einigen Tagen gekündigt und sich noch kein Ersatz gefunden habe. Doch dann eröffnete mir der Bauunternehmer B. seine famose Geschichte:

»Ich habe gerade den Auftrag für das große Washingtoner Mahnmal zum Gedenken an den Penis des Präsidenten erhalten. Jetzt plane ich daran herum; entschuldigen Sie das Chaos in meiner Wohnung, aber ich bin aufgeregt wie ein Schulknabe.«

Dann zeigte er mir seinen Entwurf: ungefähr tausend senkrechte Stelen aus Beton, leicht gekrümmt – er zwinkerte mir zu – und maßstabgetreu fünfzig zu eins.

»Wenn man hindurchgeht, hat man zwei widerstreitende Gefühle, nämlich zum einen das Gefühl zu schweben und zum anderen das Gefühl, sich verirrt zu haben.«

»Das ist sehr ergreifend«, sagte ich.

»Richtig«, sagte er, »aber es fehlt noch etwas an dem

Mahnmal, es ist noch zu dumpf, zu traurig, zu freudlos. Ich habe schon überlegt, ob man die Stelen vielleicht rosa streichen oder hydraulisch emporfahren sollte; aber diese Ideen sind natürlich zu ausgelutscht.«

Erwartungsvoll sah er mich an.

»Man sollte das Mahnmal amerikanisieren«, sagte ich. Dann erklärte ich ihm meine Idee. Er war begeistert, und so befindet sich nun an jeder Betonstele ein Knopf, und wenn man ihn drückt – wozu Neugierde oder Spieltrieb die Menschen ja gerne drängen –, sprudelt oben aus der Betonstele entweder Apfelsaft oder Milch. Es gibt freilich auch Säulen mit Bier und Kokosrum, aber die sind nur für Besucher ab 18 Jahren freigegeben.

GELD 1

Willibald hatte ein paar arme Seelen ausgeplündert und stolzierte nun mit Frack und diamantenbesetztem Spazierstock durch die Luxusboutiquen der Stadt, hielt Hof im Grand Hotel und frequentierte allabendlich den »Glamour-Club« (dem übrigens die Paradies-Bar in gar manchem deutlich nachstand).

»Ich habe ein gutes Werk getan«, erklärte er mir während einer Audienz, die er mir im Zeichen alter Freundschaft gewährt hatte. »Die Menschen, die ich betrog, leben nun in der Hoffnung, alles könne nur noch besser werden. Wenn man den Verlust, den man stets fürchtet, endlich hinter sich hat, geht es einem nämlich sofort viel besser. Außerdem entdeckt man erst dann, wer seine echten Freunde sind, wenn man das Kleid der Armut trägt. Auch die soziale Fürsorge des Staates kann nun gebührend gewürdigt werden. Kurzum, ich bin ein Wohltäter, der die schlimme Furcht vor dem Verlust des schnöden materiellen Besitzes gönnerhaft auf sich genommen hat.«

Beim Bad im Whirlpool zusammen mit einer Badewasser-Testerin des Hotels dachte ich über Willibalds Rede nach und kam zu dem Ergebnis, daß er sich im Recht befand und die natürliche menschliche Moral im Unrecht.

Die armen Seelen sahen dies im großen und ganzen auch so. Bei der Verleihung der Ehrenbürgermedaille an Willibald bewarfen sie ihn mit Gloriolen, und das Leben in unserer kleinen Stadt nahm bald wieder seinen gewohnten Lauf.

GELD 2

Als ruchbar wurde, daß der Bauunternehmer B. die hiesige Bank um einen großen Betrag geprellt hatte – die Rede ist von mehreren hunderttausend Dukaten, manche sprechen auch von etwa zwei Millionen –, eilten die Bewohner der Stadt, ihr Geld zurück unter die heimische Matratze zu beordern. Sie belagerten die Bankangestellten, von denen einige schon bald nicht mehr wußten, wo ihnen der Kopf stand, bis der erschöpfte Personalchef die Köpfe der Kopflosen im Toilettentrakt aufspürte.

Die Einwohner ließen sich von solcherart Ausreden nicht beirren, sondern verlangten unbeirrt, man möge ihnen diejenigen Dukaten auszahlen, die ihnen gehörten. Sie klopften mit ihren Sparbüchern auf die Schalter und drohten dem Bankdirektor mit einem unerquicklichen Schicksal.

Unter dem Druck der Ereignisse stempelten einige Bankangestellte hier und dort große Embleme in die Sparbücher, oder, wenn sie diese nicht trafen, auf die Gesichter deren Besitzer, die allerdings darüber nun gar nicht erfreut waren und schon bald ihrerseits damit begannen, gewaltige Metallstempel heranzuschleppen, diese in rasch entzündeten Feuern zum Glühen zu bringen und damit zu markieren, was ihnen gerade in die Hände fiel, wobei binnen weniger Minuten auch nicht mehr zwischen Bankangestelltem und unbedarftem Sparbuchbesitzer unterschieden wurde.

Zuletzt bohrten einige besonders hartnäckige Bankkunden den Tresorraum auf. Da kaum mehr etwas darin war (nur noch ein junger Rollmops, der sich eine kleine Golddukate unter den Nagel gerissen hatte, was er nicht überlebte), wurde beschlossen, in dem Raum künftig Kulturveranstaltungen abzuhalten; die umtriebige Kulturamtsleiterin machte sich mit Feuereifer an die Sache, und so durfte ich schon bald die Reihe »Tresor-Solo« mit einer Lesung aus meinem Roman »Ein Leben auf dem Dottermond« eröffnen, was mir etliche Silberlinge einbrachte.

Der Bauunternehmer B. wurde übrigens neulich auf Kuba gesichtet, wo er Fidel Castro ein Fläschchen Haarentferner verehrte.

BELEUCHTUNG

Wir gingen hinaus. Vor uns lagen die Reisfelder unseres Gastgebers. Er war ein reicher Mann, und viele Männer und Frauen arbeiteten für ihn.

»Ich schalte nun das Licht ab«, sagte unser Gastgeber, wobei er uns freundlich zulächelte. Für sein Lächeln hatte er schon so manchen Preis bekommen. »Es ist spät genug. Die Leute sollen auch ihren Feierabend haben.«

Er schritt zurück ins Haus. Wenig später ging die Sonne unter, und die Arbeiter verließen die Reisfelder, um in ihre Dörfer zurückzukehren.

»Oh«, fiel unserem Gastgeber ein, als er wieder zu uns auf die Veranda hinaustrat, »ich habe vergessen, die Notbeleuchtung einzuschalten.«

Er ging kurz ins Haus zurück und betätigte einen Hebel. Sogleich erhob sich der Mond am Firmament.

Wir aber saßen noch viele Stunden vorm Haus, betrachteten die Landschaft und zitierten Rilke.

KONZERTNACHLESE

Der Komponist K. beherrschte nicht nur seinen Beruf nicht richtig, sondern maßte sich auch noch an, einmal im Jahr seine verschwenderische Klaviersonatenproduktion öffentlich vorzustellen. Jahr für Jahr war es der avantgardistische Pianist Ricardo Pi, der K.s Werke eines nach dem anderen darbot.

Besonders ärgerlich war in dieser Saison die Sonate Nr. 324, in der der Pianist Pi eine einzige Taste anschlug – ich glaube, es war ein »g« – und in dieser Stellung zweieinhalb Wochen verharrte; diese Sonate sei, erklärte der Komponist K. seinen Zuhörern, während die Pizzaboten uns mit Nahrung versorgten, im letzten Winter entstanden, der ja bekanntlich sehr kalt gewesen war; da seien ihm schon zu Beginn der Komposition die Hände am Notenpapier festgefroren, und zweieinhalb Wochen sei er mit dem Notenpapier an den Fingern herumgelaufen, sehr zur Belustigung der überall anzutreffenden Kunstbanausen übrigens, wie er verbittert hinzufügte. Diese Erfahrung habe er mit der Sonate Nr. 324 (Untertitel: »Die Eisige«) ausdrücken wollen.

»Ein Meisterwerk«, piepste die Gräfin G.R., nachdem der Komponist ihr die Erklärung noch einmal ins Hörgerät hineingeschrien hatte.

Zehn Minuten später schlich ich mich davon. Daß das wenige Tage später kursierende Gerücht, welches auch ich hier und da aufschnappte, nichts als die Beschreibung der reinen Wahrheit gewesen war, wurde deutlich, als ich dem Pianisten Ricardo Pi zufällig in der Stadt begegnete; er trug den Konzertflügel mit sich herum, denn, wie er mir zerknirscht erzählte, war ihm dieser während der zweieinhalb Wochen, die er mit der Aufführung von K.s Klaviersonate Nr. 324 verbracht hatte, an seinem Finger festgewachsen.

Die Ärzte der Stadt seien ratlos, sagte er, aber er könne erst im nächsten Monat in die ausländische Spezialklinik gebracht werden, weil vorher sämtliche Klaviertransporteure mit anderen Dingen beschäftigt seien. Besonders enervierend, fügte er noch hinzu, sei ja die morgendliche Dusche, auch müsse er nun zum allwöchentlichen Masturbieren immer einen seiner Klavierschüler um Hilfe bitten.

FRANKREICH

Natürlich begab ich mich auch für einige Wochen an die Riviera, wie es die ungeschriebenen Gesetze der gehobenen Gesellschaft nun einmal verlangen. Dort traf ich zu meinem größten Erstaunen den Maler M., der sinnierend auf einer Bank saß und selbstvergessen die Landschaft betrachtete.

»Sie hier zu sehen!« rief ich aus.

»Stören Sie mich nicht«, sagte er in einem schroffen, wenn nicht sogar hochnäsigen Tonfall, »ich male.«

Ich sah noch einmal genau hin, um vollständig sicher zu gehen, daß ich keine Staffelei, keine Farben, kein Aktmodell übersehen hatte, und tatsächlich, ich konnte schauen, soviel ich wollte, ich hatte nichts übersehen, weil es nämlich nichts dergleichen in näherer Umgebung gab.

»Sie malen also«, sagte ich.

»Allerdings.« Er schneuzte sich in ein goldspitzenbesetztes Leinentaschentuch. »Nachdem Sie seinerzeit meine Bilder verbrannt haben, bin ich der erste Maler auf Erden, der nicht malt, sondern eben *nicht* malt. Sie verstehen?«

»Ja«, erwiderte ich, »Sie malen nicht.«

»Genau«, sagte er, »und seitdem werden meine Gemälde, die ich nicht wirklich, sondern gewissermaßen nur im Geiste gemalt habe, überall auf der Welt ausgestellt. Letzten Monat New York, diesen Monat Tokio, dazwischen eine Sonderausstellung in Paris. Die Kunstszene träumt schon von mir. In der nächsten Woche versteigert Sotheby's übrigens einige meiner Frühwerke.

Bei der Auktion werden nach vorsichtigen Schätzungen mindestens zehn Millionen Dukaten umgesetzt.«

»Aber was kaufen die Leute denn, wenn die Gemälde gar nicht existieren?«

»Nun, sehr einfach.« Er wurde ob meiner Begriffsstutzigkeit grob. »Die Kunstkenner kaufen sich meine imaginierten Bilder und legen sie zuhause in den Tresor, denn sie sind ja viel zu kostbar, als daß man sie gefahrlos im Salon aufhängen könnte. Brechen Diebe den Tresor auf, so denken sie, es sei nichts darin; und nur der Käufer weiß, welch Meisterwerk dort in Frieden ruht. Meine Gemälde bieten sich übrigens auch an, um das Finanzamt oder die Erben zu täuschen.«

»Allerhand«, sagte ich.

»Nun muß ich aber wirklich weiter malen, Sie haben mich lange genug gestört.«

Und er versank wieder in die Betrachtung der Landschaft. Dabei muß ihm ein brüllender Hirsch durchs Bild gelaufen sein, denn der Kritiker I. schrieb neulich in einem durchaus unfreundlichen Artikel, der Maler M. habe den Olymp der Kunst verlassen; neuerdings hielten äußerst abgegriffene Motive Einzug in seine imaginierte Malerei.

Andere Kritiker bestritten dies und lobten im Gegenzug die pointierten Zitate des Malers M., und man war sich einig, daß gerade die Nachwelt noch viel Freude an ihm haben würde.

CHINESISCHES REISFLEISCH

Eines Tages befand ich mich mit meinem Freund Ferdinand in einer fremden Stadt, und weil wir sehr hungrig waren, begaben wir uns in ein chinesisches Restaurant am Wegesrand.

Nach einer kleinen Irritation – wir hielten in völliger Verkennung chinesischer Sitten das Mädchen am Eingang für die Schuhputzerin und verfuhren entsprechend – nahmen wir an einem Tisch Platz und ließen uns die Speisekarte reichen.

»Offenbar liegt hier ein Schreibfehler vor«, belehrte Ferdinand den Kellner, der höflich lächelte, von dem ich aber annahm, es handele sich um einen taiwanesischen Roboter, wie man sie neuerdings des öfteren auf unseren Gehwegen herumspazieren sieht, »die Mehltausuppe ist vermutlich eine Mehlwurmsuppe, Tau und Wurm sind nicht dasselbe, wissen Sie?«

Der Kellner nickte und sammelte die Speisekarten wieder ein. Vor unseren Augen streiften sich sodann einige Frühlingsrollen ihre gebackene Kruste ab und dufteten derart verführerisch, daß wir uns beinahe über sie hergemacht hätten, doch fiel uns noch rechtzeitig ein, daß man von chinesischen Frühlingsrollen nicht gerade behaupten kann, sie seien keimfrei, und so beschlossen wir, uns andere Speisen auszusuchen.

Der lächelnde Kellner sah uns unsere Ratlosigkeit an und forderte uns auf – seine Gesten sprachen im Gegensatz zu seinen Stimmbändern eine deutliche Sprache –, ihn in die Küche zu begleiten.

Nichtsahnend durchschritten wir das Küchenportal.

Angenehmer Geruch stieg uns in die Nasen. Doch als Ferdinand mit einem derben Ausruf seine Verblüffung über das, was er da sah, zum Ausdruck brachte, bemerkte auch ich ein ungewohntes Bild: da waren menschengroße Ratten dabei, einigen chinesischen Männern die Haut abzuziehen und deren Fleisch sodann zu braten. Ein struppiger Hund, der noch das goldige Tierheimkettchen um den Hals trug, hackte derweil Möhren.

Das hatten wir nicht erwartet. Während ich das Lokal nach diesem Erlebnis eher mied, hielt Ferdinand dort hin und wieder Arbeitsessen ab, und der Erfolg gab ihm durchaus recht.

HERRSCHAFTSZEITEN

Der Politiker P. war bestrebt, die Alleinherrschaft in unserer kleinen Stadt anzutreten, und jedes Mittel war ihm recht, Konkurrenten und Kontrolleure der Macht auszuschalten.

Da ich im Widerstand aktiv war – für jeden Schriftsteller ist widerständlerische Tätigkeit Balsam für die Biographie und den späteren Welterfolg –, wurde ich rasch mit den Plänen zu seinem Sturz vertraut, in denen die mir zugewiesene Rolle jedoch allzu kümmerlich erschien, so daß ich zunächst für einige Wochen nach New York flog, um meine Position neu zu überdenken und dabei einige Broadway-Shows anzusehen.

Als ich zurückkehrte, fuhr der Politiker P. zu meinem größten Erstaunen im Rollstuhl umher (freilich nannte er einen Luxus-Rollstuhl mit sanft gefederten Rädern sein Eigen).

»Was ist geschehen?« fragte ich Willibald, der dem Politiker P. den Rollstuhl günstig verschafft hatte (man hört, der Emir von Kuwait vermisse neuerdings den seinen), und Willibald antwortete mit einem durchaus fröhlichen Unterton in der Stimme:

»Man hat ihn abgesägt, den Politiker P.«

Da ich Grausamkeiten nicht mag, war ich zunächst entsetzt, doch wich mein Entsetzen langsam dem Glauben an das Gute, welches aus dem Politiker P. nun einen Herrn ohne Unterleib und die damit verbundenen Möglichkeiten gemacht hatte, und das ist für einen Politiker – zumal in der heutigen Zeit – ja nun doch eher vorteilhaft.

HÖLDERLIN

Ich setzte mich mit Hölderlin auseinander. Er in den einen Stuhl, ich ihm gegenüber. Wir schauten uns an. Langsam wurden wir blau.

KRIEG

Der General G. hockte mit einem Glas Wein in der Ecke der Schreibstube. Er hatte gerade einige seiner Kompanien gegen den Feind getrieben. Damals war ich Kriegsberichterstatter im Heere, verkehrte also mit ranghohen Personen, ließ mich von ihnen zum Essen einladen, führte ihre Gattinnen ins Kino aus oder sonstwohin und schrieb nebenbei einige Zeilen über gewonnene Schlachten, die eigentlich nur im eigenartigen Betrieb meiner Phantasie stattgefunden hatten.

Nun saß ich also beim General in der heimeligen Schreibstube, das Feuer im Kamin prasselte, und das Grammophon spielte das berühmte Maultrommelkonzert des Ritters Carl Ditters von Dittersdorf. Wir zechten schon recht ordentlich, als plötzlich der Erbfeind an der Haustür klingelte und – nachdem wir diese geöffnet hatten – mit einem hämischen Unterton in der Stimme verkündete, die Kompanien des Generals G. seien restlos aufgerieben, niedergemetzelt und massakriert.

Der Feind führte uns über das Schlachtfeld, rot von Blut, deutete hier und da auf besonders gruselige Einzelheiten, und wir sahen, wie eifrige Gestalten nun rasch ein Varieté auf dem Blutgelände errichteten.

Dort ließ der Feind zur Unterhaltung der siegreichen Soldaten alberne Stückchen spielen, auch trafen Marketenderinnen ein, um mit der Soldateska zu schmusen. Wir Überlebenden – der General G. und ich – wurden unterdessen im Hauptquartier des Feindes mit Champagner und Kaviar bewirtet, ein schöner Brauch und eine nette Geste, denn man hätte uns natürlich auch Schinkenbrote vorsetzen können oder Diätjoghurt mit Erdbeeren.

„Sie haben verloren", höhnte der feindliche Oberst, während er auf die frischen Leichenberge deutete, die draußen aufgeschichtet wurden. „Schachmatt."

„Nun gut", wandte der General G. ein, „wir sind schließlich Demokraten, wir haben unseren König ja schon eigenhändig vor einigen Jahrzehnten geköpft. Da blieb Ihnen nicht mehr allzuviel zu tun."

„Nichtsdestotrotz, Ihre Strategie war unzeitgemäß, und Sie hätten gut und gerne meine Kompanien beträchtlich dezimieren können, wenn auch – insoweit stimme ich Ihnen zu – ein Sieg Ihrer Armee natürlich nie ernsthaft in Frage kam. Jedenfalls haben wir nur wenige hundert Tote auf unserer Seite. Unser Sargist wird nicht viel zu tun haben, denn Ihre Toten werden natürlich ohne Sarg verscharrt oder den Geiern überlassen, wie es das Gesetz des Krieges nun einmal verlangt."

„Nicht meine Strategie trägt die Schuld an diesem Desaster, sondern die Sonneneinstrahlung, die in diesem Frühjahr unnatürlich penetrant ausfällt", hielt der General G. ihm entgegen.

„Sie sind anmaßend", sagte der feindliche Oberst.

„Selber anmaßend", entgegnete der General G.

Umständlich packte er seinen Fehdehandschuh aus, wedelte damit vor dem Gesicht des feindlichen Obersten herum und warf ihn schließlich erbittert zu Boden.

„Kämpfen Sie gegen ihn", hieß er mich, doch ich desertierte, so rasch ich konnte. Dann mischte ich mich unters Volk und schaute mir im feindlichen Offizierskino noch rasch „Casablanca" an.

VORLESUNG

Man hatte mich vor einiger Zeit gebeten, eine Gastvorlesung an der ruhmreichen Universität U. zu halten. Da mir die studentischen Rebellionen aus meiner eigenen Studienzeit noch allzu präsent waren, hatte ich diese bekanntermaßen doch selbst angeführt – welch herrliche Zeiten! –, beschaffte ich mir für dieses Vorhaben eine schußsichere Weste und ein paar handliche Pistolen, denn ich wollte die Universität U. möglichst lebendig wieder verlassen.

Die Studenten, die sich versammelt hatten, um meine sicherlich bemerkenswerten Ansichten zum Thema »Literarische Kleptomanie – Freiheit oder Musenkuß?« zu hören – es mochten wohl einige Tausend sein – waren allerdings sehr viel zahmer, als ich angenommen hatte. Sie aßen mir Schokolade und gebrannte Erdnüsse aus der Hand, rochen nach modischen Deodorants und ließen sich streicheln, ohne zuzubeißen. Als ich an einer Stelle meiner Vorlesung eher scherzhaft erwähnte, daß auch ich ein Opfer sei, nämlich das Opfer des neidischen Literaten L. sowie das Opfer meiner eigenen Begierden, brachen etliche Studentinnen auf der Stelle in Tränen aus und boten mir an, die Trauerarbeit gemeinsam mit ihnen zu verrichten, und zwar in ihrem Bett, zärtlich und inspirierend.

Diese überraschende Wendung veranlaßte mich, von meinem Manuskript abzuweichen und für Gerechtigkeit in Tripolis und Tibet einzutreten, die Todesstrafe zu verschmähen, meine Kochkünste zu rühmen sowie meine natürliche Begabung für das Staubsaugen; als ich dann jedoch vorsichtig andeutete, es könne durchaus wahr sein, was man hier und da gerüchteweise vernehme, daß ich nämlich jüdischer Abstammung sei, hatte ich wohl das Faß zum Überlaufen gebracht: die Studentinnen und Studenten kreischten, wollten mich berühren, umarmen, küssen, und so sah ich mich gezwungen, mir den Weg ins wirkliche Leben freizuschießen, was bedauerlicherweise einige studentische Leben kostete.

Draußen traten ein paar graue Professorinnen und Professoren an mich heran, um mich zu beglückwünschen.

»Wie haben Sie es denn geschafft, die Studentinnen und Studenten derart zu motivieren?« fragte einer, während andere mir dabei behilflich waren, das fremde Blut von meiner Kleidung zu entfernen.

»Ich habe ihnen mein Innerstes offenbart«, sagte ich.

»Wie das?« fragte eine andere zurück.

Ich spuckte ihr ins Gesicht.

»So«, sagte ich.

»Aha«, machte sie, und seit diesem Tag beklagen sich die türkischen Putzfrauen darüber, daß sie immer so viel abgestandenen Speichel von den Böden der Universität U. aufwischen müssen. Wenn sie gewerkschaftlich organisiert wären, hätten sie wohl schon längst eine ordentliche Gehaltszulage verlangt, aber die würden ihre Männer und Söhne, wie man hört, ja ohnehin nur in Raki umsetzen.

BEGABUNG

Der Komponist K. zweifelte einmal mehr an seinen Fähigkeiten. Das städtische Orchester hatte ihm erklärt, es sei nicht gewillt, fürderhin als Anus der Neuen Musik herzuhalten. Ferdinand war erschüttert, als der Komponist K. uns seine Misere offenbarte.

»Die Kunst wird nicht gewürdigt, wie sie es verdient«, sagte mein Freund verbittert. »Mein Gedichtbändchen kauft sich ebenfalls kein Mensch.«

Ich trank einen Kräutertee, nahm ein Aspirin und schlug den Mantelkragen hoch, um nicht von den beiden angesteckt zu werden.

»Dabei ist meine Musik doch so hochempfindlich«, ärgerte sich der Komponist K.

»Und meine Gedichte sind so planvoll berechnet«, ergänzte Ferdinand.

Ich versuchte, mich unsichtbar zu machen, was mir aber gründlich mißlang.

»Was meinst du denn dazu?« fragte mich Ferdinand.

»Ja«, schloß sich der Komponist K. an, »was meinen Sie denn dazu?«

Die beiden Gestalten sahen mich erwartungsvoll an. Ich räusperte mich.

»Ach«, sagte ich schließlich, »auch wenn man Bestseller schreibt wie ich, ist man nicht unbedingt ein glücklicherer Mensch.«

Da schnaubten sie vor Wut und wollten mir doch tatsächlich den Garaus machen, aber ich wuchs weit über mich hinaus und zerquetschte die beiden mit meinem großen Zeh, dem linken.

WISSENSCHAFT

Der Wissenschaftler W. hatte nach langjährigen Experimenten herausgefunden, daß die Menschen gar nicht existieren. Die Fernsehnachrichten übermittelten diese Botschaft, als sich die mittelmäßige Schauspielerin S. gerade zufällig in meinem Schlafgemach befand.

»Das ist ja furchtbar!« rief sie aus.

Sie wurde kreidebleich und zitterte am ganzen Körper. Nun war für den Rest des Tages nichts mehr mit ihr anzufangen, so daß ich mich ankleidete und mir erst einmal einen Tee von der Schwarzmeerküste kochte und meinen Gaumen von einigen jordanischen Sesamplätzchen, einer echten Spezialität, anregen ließ. Dann schien es mir an der Zeit, einen ausgedehnten Spaziergang durch den Wald zu unternehmen.

»Du kannst mich doch nicht alleine lassen, jetzt, wo es so schrecklich um uns steht!« schrie sie. Wäre sie in jungen Jahren ihrem Beruf mit solcher Energie nachgegangen, wie sie diese jetzt offenbarte, vor mir stehend, die Hände verkrampft, die Augen verweint, die Stimme überschlagen, so hätte sie es weit bringen können, aber dazu war es jetzt wohl zu spät.

»Ich werde dir ein Glas Cognac verabreichen«, sagte ich, »damit du wieder zu klaren Gedanken fähig bist. Ob wir nun existieren oder nicht, was macht das schon für einen Unterschied?«

»Aber der Wissenschaftler W...«, stammelte sie.

»Er existiert doch gar nicht«, sagte ich, »er ist pure Erfindung. Ängstige dich nicht!«

Die Schauspielerin S. dachte über meine Worte nach.

Nach einiger Zeit verwarf sie ihre Bedenken mitsamt ihrer Furcht und kleidete sich an, um mit mir ins Freie zu treten und frische Luft zu atmen. Da es draußen geschneit hatte, mieteten wir uns einen Schlitten und fuhren rasant den nächsten Abhang hinunter.

KREUZFAHRT

Während einer meiner zahlreichen Kreuzfahrten, die ich in der Regel während des Winters unternahm und die mich in die südlicheren Gefilde unseres Mutterballs führten, dorthin, wo die Behaarung des Globus mit Tropenbäumen beginnt, traf ich auf dem Oberdeck den Kritiker I.

Obwohl er den Statuten des Schiffes zufolge eigentlich nur das Deck der 3. Klasse benutzen durfte, hatte er es doch unter Ausbreitung seiner wahrhaft übermenschlichen Schmierigkeit geschafft, das Deck der 1. Klasse zu betreten, welches eigens für mich und meinesgleichen eingerichtet worden war.

Der Kritiker I. war nicht im geringsten peinlich berührt über seine ungeheuerliche Dreistigkeit, als er mich erblickte. Im Gegenteil, er näherte sich mir sehr aufdringlich. Er unternahm nicht einmal den Versuch, sich als jemand anders auszugeben, sondern trug seine gewöhnliche und schon reichlich abgestandene Kritikerkluft und zwinkerte obendrein frech den barbusigen höheren Töchtern in ihren weißen Liegestühlen zu.

Ich war gerade im Gespräch mit der Gattin des Bauunternehmers B.; wir disputierten über die jüngste ökologische Katastrophe in West-Samoa. Dort war ein blasser, aber seltener Papagei an Magenkrebs zugrundegegangen; als Grund wurde von offizieller Seite die Zartbitterschokolade eines zwar bekannten, doch schon seit einiger Zeit eher zweifelhaften europäischen Unternehmens angegeben, weshalb wir auf unverdächtigere, obgleich teurere Konkurrenzprodukte ausgewichen waren.

»Sicherlich ist hier auch das Essen besser als in der 3. Klasse«, unterbrach uns I., während er sich frische Seeluft um die Nase streichen ließ, »und wenn Sie nichts dagegen haben, werde ich mich heute mittag zu Ihnen an den Tisch setzen. Ob wohl auch Lachs-Tartar serviert werden wird?«

Die Gattin des Bauunternehmers B., die sich schokkiert zeigte und darüber bläulich anlief, zog es vor, sich zu einem Drink in die Bar zu begeben, und ließ mich mit dem Kritiker I. allein.

»Sie sind ein unverschämter Narr«, beschied ich ihm. »Man hat Ihnen ja bislang schon vieles durchgehen lassen, lästerliche Verrisse etwa, Empfänglichkeit für Geldgeschenke, Ihr jämmerliches Lispeln, aber diesmal sind Sie entschieden zu weit gegangen, mein Herr!«

Dem Kritiker I. gefror das Lächeln. Meine deutliche Sprache hatte er jedoch schon seinerzeit an meinem Roman »Ein Leben auf dem Dottermond« sehr gelobt.

Ich rief den Chefsteward herbei und schilderte ihm das Eindringen des 3.-Klasse-Passagiers auf das heilige Deck so wahrheitsgetreu, wie ich konnte. Der Chefsteward war empört und führte I. sogleich ab.

Am nächsten Morgen – nach dem eindrücklichen Verhör I.s durch den allseits geschätzten Kapitän des Schiffes – nagelte man den Kritiker an ein Holzkreuz und brachte dieses am Bug des Schiffes an. Dort hatte der Kritiker I. ausreichende Aussicht auf das Wasser und diente überdies als Bollwerk gegen die von Norden her drohend aufziehenden Eisberge.

STREIK

Es war kein anderer als der Museumstürschließer M. T.-S., der mit seinem Gehalt unzufrieden war, weil er sich eine Reise in die Karibik leisten wollte, aber das eigens dafür angesparte Kapital erst neulich – übrigens sehr zum Ärger seiner Gattin – in der Paradies-Bar durchgebracht hatte (übrigens, wie der Ausgewogenheit halber erwähnt werden muß, sehr zur Freude der dortigen Lohnempfängerin L.).

»Was soll ich nur tun?« fragte er mich, denn wie mir mittlerweile scheint, fragt ein jeder in unserer kleinen Stadt mich um Rat, wenn er nicht mehr weiter weiß.

Ich riet ihm, in einen unbefristeten Streik zu treten.

Leider hatte ich die Folgen meines Ratschlages nicht so recht bedacht, und die Vorwürfe, die einzelne Ratsmitglieder in der Folge an mich richteten, lassen sich deshalb auch nicht ohne weiteres von der Hand weisen.

Nun wäre zwar die Tatsache, daß das städtische Museum gutwilligen Besuchern verschlossen blieb, nicht weiter erwähnenswert, und tatsächlich dauerte es einige Tage, bis dies überhaupt jemand bemerkte, und das auch nur, weil die alljährliche Überprüfung des hauseigenen Feuerlöschers anstand, aber nun war der Feuerlöscherüberprüfer gleichzeitig der Bruder einer Lokalredakteurin, die diese Angelegenheit untersuchte und zu dem journalistisch nicht ganz einwandfreien Schluß kam: »Skandal! Der Politiker P. verbietet dem Museumstürschließer M. T.-S. eine Reise in die Karibik!«

Das sorgte nun für einiges Aufsehen, denn in sozialen Fragen gibt man sich zumeist doch recht sensibilisiert.

Vor dem Rathaus spazierten engagierte Mitbürger mit brennenden Bienenwachskerzen auf und ab, die städtischen Gymnasiasten solidarisierten sich mit dem Museumstürschließer und streikten ebenfalls, lauthals »Karibik für alle!« skandierend, das Grandhotel plakatierte die »Karibische Woche« mit wirklich delikaten Gerichten, die verpaßt zu haben eine kulinarische Todsünde gewesen wäre, und nicht zuletzt ausgerechnet die Paradies-Bar organisierte eine »Karibische Show« mit südländisch anmutenden Tanztalenten.

Das Spektakel machte auch in überregionalen Zeitungen Schlagzeilen und zog eine Reihe von Schaulustigen an, die nun gleichfalls streikten und gegen den Politiker P. demonstrierten; an Montagen war das Interesse an Demonstrationen besonders groß, weil man auf diese Weise das Wochenende unter dem Signum der Solidarität ungestraft verlängern konnte, und so sammelten sich zuletzt wohl einige hunderttausend Menschen.

Entsetzt über das ihm widerfahrende Unrecht suchte mich schließlich der Politiker P. auf, um mich um Rat zu fragen. Ich forderte ihn auf, den Museumstürschliesser M. T.-S. auf Kosten des Stadtsäckels in die Karibik auszufliegen, und um einen reibungslosen Ablauf der Aktion zu gewährleisten, sollte man mich als Aufpasser am besten gleich mitfliegen lassen.

So geschah es prompt. In unserer kleinen Stadt kehrte rasch wieder Ruhe ein, und der Museumstürschließer und ich erschlossen uns in der sonnigen Karibik wohl auch das eine oder andere Lusttürchen.

Als wir schließlich nach vier Wochen zurückkehrten, hatte man uns schon beinahe vergessen.

SCHLUSSWORT

Meinem Freund Theodor gehörte das letzte Wort. Leise lächelte er in die Kamera.

»Soll ich etwas sagen?« fragte er vorsichtig.

Der Aufnahmeleiter nickte und sagte: »Ich bitte darum.«

Theodor überlegte einige Minuten, was so putzig aussah, daß die Kamera-Assistentin Mühe hatte, nicht lauthals loszulachen.

»Nein«, sagte Theodor schließlich, »ich gebe das letzte Wort nicht her. Es gehört ja schließlich mir.«

Er stand auf, ließ den verdutzten Aufnahmeleiter im Regen stehen, leckte sich die Lippen und ging fröhlich auf seine Alkoholschrankwand zu.

INHALTSVERZEICHNIS

Schnee 7
Rodeo 9
Künstlerpech 11
Schmerz 12
Caprice 13
Der Kauf 15
Schweiz 17
Sonnenstrahl 18
Wahl 20
Visionen 21
Das Haar 23
Anekdotendisco 27
Das Krokodil 38
Weltuntergang 30
Tempora und Mores 32
Trauer um O 33
Das Treibhaus 36
Buchglück 37
Todesstrafe 39
Der Engel 40
Talkshow 42
Tiere, Düfte, Brahms 44
Liebe 1 47
Die Verlobung 49
Party 50
Doktorwürde 55
La femme 57
Theater 58
Glück 60
Altenheim 61

Meerblick	63
Kindheitserinnerung	65
Rufmord	66
Gemälde	68
Leder	70
Benefiz	72
Bumm	74
Der Meisterdieb	76
Liebe 2	78
Lob und Ehre	80
Deus ex machina	82
Computer	84
Mozart	85
Fehlschüsse	86
Der Traumbildner	88
Ausgerechnet Bananen	90
Elefanten	91
Mahnmal	93
Geld 1	95
Geld 2	96
Beleuchtung	98
Konzertnachlese	99
Frankreich	101
Chinesisches Reisfleisch	103
Herrschaftszeiten	105
Hölderlin	106
Krieg	107
Vorlesung	109
Begabung	111
Wissenschaft	112
Kreuzfahrt	114
Streik	116
Schlusswort	118